京华通览

大运河文化带

主编／段柄仁

大运河艺文录

云亦／编著

北京出版集团公司
北 京 出 版 社

图书在版编目（CIP）数据

大运河艺文录 / 云亦编著. — 北京：北京出版社，
2018.12
　（京华通览 / 段柄仁主编）
　ISBN 978-7-200-13872-6

　Ⅰ．①大… Ⅱ．①云… Ⅲ．①大运河—介绍—北京
Ⅳ．①K928.42

中国版本图书馆CIP数据核字（2018）第017237号

出 版 人　曲　仲
策　　划　安　东　于　虹
项目统筹　董拯民　孙　菁
责任编辑　白　珍
封面设计　田　晗
版式设计　云伊若水
责任印制　燕雨萌

　"京华通览"丛书在出版过程中，使用了部分出版物及网站的图片资料，在此谨向有关资料的提供者致以
衷心的感谢。因部分图片的作者难以联系，敬请本丛书所用图片的版权所有者与北京出版集团公司联系。

京华通览
大运河艺文录
DAYUNHE YIWEN LU
云亦　编著
＊
北京出版集团公司
北京出版社　出版
（北京北三环中路6号）
邮政编码：100120
网　　址：www.bph.com.cn
北京出版集团公司总发行
新华书店经销
天津画中画印刷有限公司印刷
＊
880毫米×1230毫米　32开本　6.5印张　134千字
2018年12月第1版　2022年11月第3次印刷
ISBN 978-7-200-13872-6
定价：45.00元

序

擦亮北京"金名片"

段柄仁

北京是中华民族的一张"金名片"。"金"在何处？可以用四句话描述：历史悠久、山河壮美、文化璀璨、地位独特。

展开一点说，这个区域在 70 万年前就有远古人类生存聚集，是一处人类发祥之地。据考古发掘，在房山区周口店一带，出土远古居民的头盖骨，被定名为"北京人"。这个区域也是人类都市文明发育较早，影响广泛深远之地。据历史记载，早在 3000 年前，就形成了燕、蓟两个方国之都，之后又多次作为诸侯国都、割据势力之都；元代作为全国政治中心，修筑了雄伟壮丽、举世瞩目的元大都；明代以此为基础进行了改造重建，形成了今天北京城的大格局；清代仍以此为首都。北京作为大都会，其文明引领全国，影响世界，被国外专家称为"世界奇观""在地球表面上，人类最伟大的个体工程"。

北京人文的久远历史，生生不息的发展，与其山河壮美、宜生宜长的自然环境紧密相连。她坐落在华北大平原北缘，"左环沧海，右拥太行，南襟河济，北枕居庸""龙蟠虎踞，形势雄伟，南控江淮，北连朔漠"，是我国三大地理单元——华北大平原、东北大平原、内蒙古高原的交会之处，是南北通衢的纽带，东西连接的龙头，东北亚环渤海地区的中心。这块得天独厚的地域，不仅极具区位优势，而且环境宜人，气候温和，四季分明。在高山峻岭之下，有广阔的丘陵、缓坡和平川沃土，永定河、潮白河、拒马河、温榆河和蓟运河五大水系纵横交错，如血脉遍布大地，使其顺理成章地成为人类祖居、中华帝都、中华人民共和国首都。

这块风水宝地和久远的人文历史，催生并积聚了令人垂羡的灿烂文化。文物古迹星罗棋布，不少是人类文明的顶尖之作，已有1000余项被确定为文物保护单位。周口店遗址、明清皇宫、八达岭长城、天坛、颐和园、明清帝王陵和大运河被列入世界文化遗产名录，60余项被列为全国重点文物保护单位，220余项被列为市级文物保护单位，40片历史文化街区，加上环绕城市核心区的大运河文化带、长城文化带、西山永定河文化带和诸多的历史建筑、名镇名村、非物质文化遗产，以及数万种留存至今的历史典籍、志鉴档册、文物文化资料，《红楼梦》、"京剧"等文学艺术明珠，早已成为传承历史文明、启迪人们智慧、滋养人们心灵的瑰宝。

中华人民共和国成立后，北京发生了深刻的变化。作为国家首都的独特地位，使这座古老的城市，成为全国现代化建设的领头雁。新的《北京城市总体规划（2016年—2035年）》的制定和中共中央、国务院的批复，确定了北京是全国政治中心、文化中心、国际交往中心、科技创新中心的性质和建设国际一流的和谐宜居之都的目标，大大增加了这张"金名片"的含金量。

伴随国际局势的深刻变化，世界经济重心已逐步向亚太地区转移，而亚太地区发展最快的是东北亚的环渤海地区、这块地区的京津冀地区，而北京正是这个地区的核心，建设以北京为核心的世界级城市群，已被列入实现"两个一百年"奋斗目标、中国梦的国家战略。这就又把北京推向了中国特色社会主义新时代谱写现代化新征程壮丽篇章的引领示范地位，也预示了这块热土必将更加辉煌的前景。

北京这张"金名片"，如何精心保护，细心擦拭，全面展示其风貌，尽力挖掘其能量，使之永续发展，永放光彩并更加明亮？这是摆在北京人面前的一项历史性使命，一项应自觉承担且不可替代的职责，需要做整体性、多方面的努力。但保护、擦拭、展示、挖掘的前提是对它的全面认识，只有认识，才会珍惜，才能热爱，才可能尽心尽力、尽职尽责，创造性完成这项释能放光的事业。而解决认识问题，必须做大量的基础文化建设和知识普及工作。近些年北京市有关部门在这方面做了大量工作，先后出版了《北京通史》（10卷本）、《北京百科全书》（20卷本），各类志书近900种，以及多种年鉴、专著和资料汇编，等等，为擦亮北京这张"金名片"做了可贵的基础性贡献。但是这些著述，大多是服务于专业单位、党政领导部门和教学科研人员。如何使其承载的知识进一步普及化、大众化，出版面向更大范围的群众的读物，是当前急需弥补的弱项。为此我们启动了"京华通览"系列丛书的编写，采取简约、通俗、方便阅读的方法，从有关北京历史文化的大量书籍资料中，特别是卷帙浩繁的地方志书中，精选当前广大群众需要的知识，尽可能满足北京人以及关注北京的国内外朋友进一步了解北京的历史与现状、性质与功能、特点与亮点的需求，以达到"知北京、爱北京，合力共建美好北京"的目的。

这套丛书的内容紧紧围绕北京是全国的政治、文化、国际交往和科技创新四个中心，涵盖北京的自然环境、经济、政治、文化、社会等各方面的知识，但重点是北京的深厚灿烂的文化。突出安排了"历史文化名城""西山永定河文化带""大运河文化带""长城文化带"四个系列内容。资料大部分是取自新编北京志并进行压缩、修订、补充、改编。也有从已出版的北京历史文化读物中优选改编和针对一些重要内容弥补缺失而专门组织的创作。作品的作者大多是在北京志书编纂中捉刀实干的骨干人物和在北京史志领域著述颇丰的知名专家。尹钧科、谭烈飞、吴文涛、张宝章、郗志群、姚安、马建农、王之鸿等，都有作品奉献。从这个意义上说，这套丛书中，不少作品也可称"大家小书"。

总之，擦亮北京"金名片"，就是使蕴藏于文明古都丰富多彩的优秀历史文化活起来，使充满时代精神和首都特色的社会主义创新文化强起来，进一步展现其真善美，释放其精气神，提高其含金量。

2017 年 11 月

目录

CONTENTS

引 言

　　大运河是流动的文化，是北京城的生命之河。

　　2014 年，中国大运河（隋唐大运河、京杭大运河和浙东运河的总称）被列入《世界遗产名录》，北京地区进入名录的相关河道包括通惠河段主线、玉河故道、长河；后续列入遗产名录的还有永通桥（含御制通州石道碑）、通运桥、汇通祠、什刹海、白浮泉等。这些河道与散落在大运河畔的水闸、祠堂、粮仓、水潭等，构成了千里大运河的细胞。这条北京城的生命之河，在曾经的岁月里，发挥过重要的作用。而通惠河的开凿，是最值得大书特书的。

元代"一百六十四里一百四步"的通惠河漕运

　　元初，大都城兴建。为了找到京城理想的水源，朝廷重臣郭守敬踏遍了京城诸河，寻访了京城诸水，最终形成了一个引水方案，并呈递给忽必烈。这个引水方案在《元史·河渠志》中有详细记述："上自昌平县白浮村引神山泉西折南转，过双塔、榆河、一亩、玉泉诸水，至西水门入都城。""南汇为积水潭，东南出文明门，东至通州高丽庄入白河。"最后"入于潞河，以便漕运"。

至元二十九年（1292），郭守敬主持修建通惠河，由昌平白浮泉引水，西折而南，聚昌平西部泉水汇入瓮山泊（即今之颐和园昆明湖），合玉泉山水。玉泉山水注入北长河，过青龙闸而进入瓮山泊，之后沿着高程 50 米的渠道流下，从昆明湖出，进入南长河之麦庄桥闸，过麦庄桥至广源桥。广源桥原有上、下二闸，进而沿着高梁河至西水门进入大都城，向南汇入积水潭。

至元三十年（1293）秋，忽必烈由上都返回大都，路过积水潭，看见"舳舻蔽水"的盛况，大悦，赐名积水潭至通州的漕运河道为"通惠河"。

河水过万宁桥、东不压桥，流经皇城北墙、东墙之外，向南流出城外，沿金时闸河故道转入高程约 20 米的通州，在杨闸村转而东南直至高丽庄与北运河相接。元代通惠河总长 164 里 104 步，设置 24 座闸，成宗年间闸名有更改，武宗以后陆续将木闸换为石闸加以维护。从高梁河段至高丽庄的河闸有：广源闸（2闸）、西城闸（2闸）、朝宗闸（2闸）、海子闸（又名澄清闸，3闸）、文明闸（2闸）、魏村闸（又名惠和闸，2闸）、籍东闸（又名庆丰闸，2闸）、郊亭闸（又名平津闸，3闸）、通州闸（又名通流闸，2闸）、杨尹闸（又名溥济闸，2闸）、河门闸（又名广利闸，2闸）。

由通州进入大都的船只依次通过各闸，可以一直驶入积水潭码头，并将粮食沿途存储在北太仓等粮仓。

这个"全长一百六十四里一百四步"的水利工程，成为元大都著名的水利工程，也为明、清北京城的水系打下了基础，可称为中国水利史上的惊世杰作。

明代"五闸二坝"的通惠河漕运系统

朱棣定都北京后，改建都城，南城墙相对于元大都往南扩展了二里，文明闸至惠和闸段通惠河被包入城中。同时，昌平帝陵的修建使得白浮泉不再被引入瓮山泊，导致通惠河的水源不足。宣德年间，皇城北墙、东墙外推，将相邻的通惠河段圈入皇城，船只无法驶入积水潭码头。

正统三年（1438），以东便门外大通桥作为通惠河的新起点，从此通惠河即指大通桥至张家湾河段，也被称为大通河。因上游水源不足、河道淤塞等原因，一直到嘉靖初年，通州至京城的货物运送大多依靠陆运。

嘉靖七年（1528），吴仲疏浚玉泉、瓮山泊等上游水源，修护河闸，甩掉元时通惠河经由通州城至高丽庄的下游故道，直接向东接入白河，从而避开通州城内的通流二闸、通州城至高丽庄的河门二闸以及东西水关，减少漕粮搬剥次数。移庆丰上闸、平津中闸至通州旧城西北角创造减水闸一座。在通州城北的大通河与北运河交点西边修建阶式石坝，北运河的船只停泊在石坝外，粮食由水夫搬过石坝载入大通河剥船中运往京城。于通州旧城东门外，设立土坝一座，粮食由车户运往各通仓。由此形成通惠河的"五闸二坝"，即大通桥闸、庆丰闸、平津上闸、平津下闸、普济闸、石坝、土坝。明朝大通河由于水量有限，闸门不开，遂施行搬粮过闸的剥运方法，即剥船行至闸门处，由水夫搬粮至等候在下一段河道的剥船中。粮食运送到大通桥闸后，改换陆上车辆运往南新仓、禄米仓。

清代逐渐废弃的漕运

清代乾隆时期，疏浚瓮山泊并改名昆明湖，汇水面积比明朝时扩大了近三倍，通惠河上游水源充足。随着西北郊园林的开发，通惠河漕运水源日渐紧张。嘉庆以后，随着清朝国力的衰微，通惠河剥运制已无法维持。清末，通惠河疏于治理，不再用于漕运。民国初期，大通河曾是北平市民休闲娱乐的胜地。民国后期，通惠河逐渐淤塞断流。

通惠河是京杭大运河的起点，它曾浓墨重彩地书写过北京的历史，成为一段耀眼的遗迹。在这段不寻常的河段上，自古以来，文人墨客留下了诸多诗文、逸事，让我们从白浮泉说起，沿着这条河道，一起走进那段充满诗情画意的历史……

白浮瓮山河（京密引水渠）

　　白浮瓮山河，即通惠河上源之一段，通惠河的源头。白浮泉自昌平区界始出，西折而南，沿途接纳榆河、一亩泉、玉泉诸水，汇入瓮山泊。这是元代郭守敬引水济大都城的典范之作。

京密引水渠昆玉河段

白浮泉

白浮泉，又名"龙泉"，源于昌平区城南2.5公里的龙山（又名"神山"，为土石山，直径约200米，高150米）。小山林木茂密，明洪武年间在山顶建"都龙王庙"，南麓山下建"下寺"，为祭祀、祈雨之用。当年，在白浮泉头修建有水池，水出处有青石雕刻的九个龙头，取名九龙池。水从龙嘴喷出，溅出水花如玉珠，因此有"九龙戏水""九龙喷玉"之称。现白浮泉已干涸，不再有昔日喷水的壮观，但它作为京杭大运河的起点，将永载漕运壮丽的史册。著名历史地理学家侯仁之有过这样的评价："与历史上之北京城息息相关者，首推白浮泉。"2013年，大运河白浮泉遗址被列为全国重点文物保护单位。

《元史·河渠志》"白浮泉"

[明] 宋濂

通惠河，其源出于白浮瓮山诸泉水也。

世祖至元二十八年，都水监郭守敬奉诏兴举水利，因建言："疏凿通州至（大）都河，改引浑水溉田，于旧闸河踪迹导清水，上自昌平县白浮村引神山泉，西折南转，过双塔、榆河、一亩、玉泉诸水，至西（水）

门入都城，南汇为积水潭，东南出文明门，东至通州高丽庄入白河，总长一百六十四里一百四步。塞清水口一十二处，共长三百一十步。坝闸一十处，共二十座，节水以通漕运，诚为便益。"从之。首事于至元二十九年之春，告成于三十年之秋，赐名曰通惠。凡役军一万九千一百二十九，工匠五百四十二，水手三百一十九，没官囚隶百七十二，计二百八十五万工，用楮币百五十二万锭，粮三万八千七百石，木石等物称是。役兴之日，命丞相以下皆亲操畚锸为之倡。置闸之处，往往于地中得旧时砖木，时人为之感服。船既通行，公私两便。先时通州至大都五十里，陆挽官粮，岁若干万，民不胜其悴，至是皆罢之。

其坝闸之名曰：广源闸；西城闸二，上闸在和义门外西北一里，下闸在和义水门西三步；海子闸，在都城内；文明闸二，上闸在丽正门外水门东南，下闸在文明门西南一里；魏村闸二，上闸在文明门东南一里，下闸西至上闸一里；籍东闸二，在都城东南王家庄；郊亭闸二，在都城东南二十五里银王庄；通州闸二，上闸在通州西门外，下闸在通州南门外；杨尹闸二，在都城东南三十里；朝宗闸二，上闸在万亿库南百步，下闸去上闸百步。

成宗元贞元年四月，中书省臣言："新开运河闸，宜用军一千五百，以守护兼巡防往来船内奸宄之人。"从之。七月，工部言："通惠河创造闸坝，所费不赀，虽已成功，全藉主守之人，上下照略修治。今拟设提领三员，管领人夫，专一巡护，降印给俸。其西城闸改名会川，海子闸改名澄清，文明闸仍用旧名，魏村闸改名惠和，籍东闸改名庆丰，郊亭闸改名平津，通州闸改名通流，河门闸改名广利，杨尹闸改名溥济。"

武宗至大四年六月，省臣言："通州至大都运粮河闸，始务速成，故皆用木，岁久木朽，一旦俱败，然后致力，将见不胜其劳。今为永固计，宜用砖石，以次修治。"从之。后至泰定四年，始修完焉。

文宗天历三年三月，中书省臣言："世祖时，开挑通惠河，安置闸座，全藉上源白浮、一亩等泉之水以通漕运。今各枝及诸寺观权势，私决堤堰，浇灌稻田、水碾、园圃，致河浅妨漕事，乞禁之。"奉旨：白浮、瓮山直抵大都运粮河堤堰泉水，诸人毋挟势偷决，大司农司、都水监可严禁之。

《贺雨诗》并序

［元］王恽

通惠河自壬辰（至元二十九年）秋开治，至今年夏六月中，穿土未已。时方旱，暑气极炽，兵民颇困于役。是月二十日，有司请少间以纾民力，首相主减役，止留军夫五千。庭议已下，而雨作盈尺，赋《贺雨诗》，以纪其事。

一亩泉深龙汇碧，远引入城通太液。

不缘虾口洒郊尘，又匪弘农献琛璧。

稻禾流脂粟米白，岁与饥民丰粒食。

灵台灵沼须民力，并力一劳思永逸。

今年旱气罩火伞，赫赫焚如惊赭赤。

万人云锸挥汗雨，熏染逾时不无疫。

有司陈请避炎辉，役敢辞辛时少息。

已闻停议出中堂，未午朋阴蓊东北。

都城一雨几尺余，何俟巫呼而雩盎。

天人相感本无间，金铉调元不多术。

诚心公道即天心，元气洪蒙开太极。

白浮泉遗址九龙池

餘粮栖亩禾满载，御廪天囷若京积。

夕阳澹滟斗门深，一片波光连画鹢。

王恽（1227—1304），字仲谋，号秋涧，卫州汲县（今河南卫辉）人。元文学家。有《秋涧先生大全集》。

《昌平山水记》"白浮泉"

［清］顾炎武

曰白浮山，在州东南一十里，有二龙潭，潭上有龙神祠……州西南三十里为双塔河，东流过双塔店入榆河，出州东神岭山下为神山泉，出白浮山为白浮泉。《元史》，至元二十八年都水监郭守敬奉诏兴水利，上自昌平县白浮村引神山泉，西折而南，过双塔、榆河、一亩、玉泉诸水，经瓮山泊至西水门入都城南，汇为积水潭，复东折而南，出南水门，东至通州高丽庄入白河，长一百六十四里一百四步。帝命丞相以下皆亲操畚锸，首事于二十九年之春，告成于三十年之秋，赐名通惠河。

先是通州至大都，陆运官粮岁若干万石，方秋霖雨，驴畜死者不可胜计。至是皆罢之，以守敬兼提调通惠河漕运事，筑堰起白浮村至青龙桥，长五十余里，以障诸水入于都城。永乐初两修之，岁久湮废。成化七年十月，议开通惠河，命户部尚书杨鼎、工部侍郎乔毅相度，言元人旧引昌平东南山白浮泉水，往西逆流，经过山陵，恐于地理不宜。及一亩泉水经过白洋口山沟，两水冲截，俱难导引，遂止不用。其双塔、榆河之水，今皆入于沙河。

白浮泉遗址整修记

侯仁之

昌平城东南郊有龙泉山，或曰龙山。山麓有裂隙泉，昔日出水甚旺，即《元史·河渠志》之白浮泉，亦称神山泉。昌平沿山一带多有流泉，其为利之溥与历史上之北京城息息相关者，首推白浮泉。

白浮水导引入京始于元初。时新建大都城，急需引水以济漕运，遂有通惠河之开凿，其最上源即在白浮泉。郭守敬经始其事，开渠引水，顺自然地势，西折南转，绕过沙、清二河之河谷低地，经今昆明湖之前身瓮山泊，流注大都城内积水潭。于是南来漕船可以直泊城中。今日新开京密引水渠，自白浮泉而下直至昆明湖，仍循元时故道，仅小有调整，足证当初地形勘测之精确。及至明朝，白浮引水断流，而泉水喷薄如旧。水出石雕龙口共九处，下注成池，遂有九龙泉之称。山上有元朝都龙王庙旧址，明代重建。现存大殿结构仍有元明遗制，余皆清构，均年久失修，日渐倾圮。

近年来流泉干涸，旧迹荒芜。其地已归北京市第一商业局作为职工休养处而稍有营建。因念其历史价值，更集资兴工，由北京市古代建筑研究所规划设计，修缮都龙王庙一如旧制，并整修九龙池，再现龙口喷水景观。既恢复其园林景色，更有利于遗址保护。另建碑亭一座，仿元代风格，以为白浮引水济运之纪念。始工于一九八九年夏，越冬而工竣。时去郭守敬倡议导引白浮泉，适届七百周年。守敬为天文历算及水利工程一代宗师，在元初新历法之制定与大都城之建设中，功勋卓著。缅怀先贤，激励来者，刻石为记，永志不忘。

一九九〇年　月　日　侯仁之撰文

补记

五十三年前，顾颉刚师在燕京大学开设"古迹古物调查实习"一课，我作为助教，每次外出调查之前，必须就实习对象写出简单的文字说明，印发同学，作为参考。这项工作促进了我对实地考察的兴趣。有一次，我个人由于对元初郭守敬引白浮泉开通惠河的事迹，深有感受，遂只身骑车按照《元史·河渠志》和郭守敬本传的记述，前往昌平神山实地踏看，只见童山濯濯，满目荒凉。山麓草木丛生，流水漫溢，不禁怅然若有所失。十年前，北京科学教育电影制片厂拍摄《古都北京》影片，石梅音同志负责编导，我有幸担任顾问。影片中有郭守敬实地勘察北部水源的特写，我曾设想把神山白浮泉的全景纳入镜头，但是其荒凉情景仍然不堪入目。最近北京市古代建筑研究所王世仁所长，告以白浮泉遗址正在整修中，嘱我写一碑文，用以表彰先贤功勋。我虽不文，还是欣然从命。但字数有限，不能尽所欲言。这里希望补充说明的一点，即郭守敬在水利工程中，首先提出了以海平面为零点的海拔标准概念，早于德国大数学家高斯五百六十余年。白浮泉引水选线，循山麓绕行六十余里，而海拔高度缓缓下降不过数米，其精确程度令人惊异。守敬又精于历算，他在新建大都城内，通过三年半内约二百次的晷影测量，定出公元 1277—1280 年的冬至时刻，再结合历史资料加以推算，得出一回归年的长度为 365.2425 日。这个值的精确程度与理论值只差 23 秒，同目前世界上通用的格雷果里历的值是一致的，而后者的颁行在 1582 年，晚于郭守敬三百年（见王树森："郭守敬的世界之最"，《郭守敬研究》，1986 年总 2 期）。郭守敬在世界科学与技术史上的光辉业绩，应该是激励我们继续奋发前进的动力！

最近北京德胜门水关故址内的汇通祠已经复建，考虑再三，建议用作郭守敬纪念馆，也是引水思源的意思。现在白浮泉遗址又将整修竣工，更是令人喜出望外。承《燕都》主编同意，先期刊登这篇碑记，因略加说明如上。不当之处，尚乞读者见教。

1989 年立冬于北大燕南园

侯仁之 (1911—2013)，历史地理学家。生于河北省衡水市枣强县，籍贯山东恩县（现山东德州平原恩城镇）。北京大学教授。主编有《北京历史地图集》等。

万寿山（瓮山）

万寿山，元时名瓮山。瓮山的得名据说是因为在山麓曾经掘得一个石瓮。到了明代嘉靖年间，石瓮遗失，但瓮山之名却保留下来。明代蒋一葵在《长安客话》里写道："瓮山人家傍山，小具池亭，桔槔锄犁，咸置垣下，西湖当前，水田棋布，酷似江南风景。"

1900年的万寿山

瓮山

[明]王嘉谟

弥弥湖水外，叠岭削青冥。

十丈涵霜境，三春洗翠屏。

山寒果自落，石古草留青。

日夕迷归路，樵声亦可听。

王嘉谟（1559—1606），字伯俞，号弘岳，顺天府（今北京）人。明代官员，万历十四年（1586）进士。初任行人司行人，迁礼科给事中，累官布政史，官至四川参政，有《蓟丘集》四十卷。

瓮山

[明]王衡

平楚随山去，河丘界远皋。

春冰浮草色，日暮起松涛。

碧瓦分烟落，朱霞簇野高。

一泓资短策，枯荻尚萧萧。

王衡（1562—1609），字辰玉，号缑山，别署蘅芜室主人，江苏太仓人。明代南剧代表人物、书法家。有《缑山集》，编有《郁轮袍》《真傀儡》《没奈何》等杂剧名篇。

瓮山

[清] 朱彝尊

石瓮久已徙，青山仍旧名。

去都无一舍，已觉旅尘清。

朱彝尊（1629—1709），字锡鬯，号竹垞。秀水（今浙江嘉兴）人。清代文学家、学者、词人、藏书家。有《经义考》《日下旧闻》等。

瓮山示无方上人

[清] 郑燮

松梢雁影度清秋，云淡山空古寺幽。

蟋蟀乱鸣黄叶径，瓜棚半倒夕阳楼。

客来招饮欣同出，僧去烹茶又小留。

寄语长安车马道，观渔濠上是天游。

郑燮（1693—1765），字克柔，号板桥、板桥道人，江苏兴化大垛人，祖籍苏州。清代文学家、书画家。"扬州八怪"之一，有《板桥全集》。

瓮山

瓮山在海淀西五里，土色纯卢，其南岩若洞而圮者，一樵人曰：此少厕仙室也。乾隆六十年赐名万寿山，山前为清漪园，相传一老父凿石得瓮，上作华虫雕刻，瓮中有物数十种，悉为老父携去。留谶曰：石瓮徙，贫帝里。嘉靖初，瓮不知所在。

山形如覆釜，聚宝在兹乎。气以金银王，灵将社稷扶。群仙趋少昊，佳色发纯卢。富国嗟谁任，嵯峨卫帝都。

万寿山

[清] 刘光第

绵绵万寿山，园庄枕其麓。

宏规岂虚构，颐和祈天福。

万寿山

基扄盘云霄，原野依土木。

铁路穿宫门，电灯照岩谷。

百戏陈瑶池，万宝走珍屋。

每蒙王母笑，更携上元祝。

天上多乐方，奇怪盈万族。

维昔经营日，淫潦迷川陆。

海雨吸垂龙，村氓乱浮鹜。

鼋头大如人，出水听众哭。

伟哉乌府彦，涕泣陈忠牍。

膏血为涂丹，皮骨为版筑。

请分将作金，用振灾黎谷。

天容惨不欢，降调未忍逐。

海军且扬威，嬉此明湖曲。

仙人且异姿，媚此西山绿。

刘光第（1859—1898），字裴村，四川富顺人。光绪进士。清末维新派著名爱国诗人，"戊戌六君子"之一。

玉 泉

白浮泉自昌平而下，一路向西再向南，接纳榆河、一亩泉、玉泉诸水。玉泉为京西北郊名泉，因泉水甘洌清爽、晶莹如玉，"流似玉虹，清泠不与众泉同"，故名玉泉。据《元一统志》，"燕城西北三十里有玉泉。泉自山而出，鸣若杂珮，色如素练，泓澄百顷，鉴形万象"。清《宸垣识略》载："玉泉山以泉而名，泉出石罅，潴为池，广三丈许，水清而碧，细石流沙，绿藻紫荇，一一可辨。"据说，清乾隆皇帝为验证玉泉水质，特命内务府官员用银斗称量天下名泉，结果是：玉泉斗重一两，济南珍珠泉重一两二厘，扬子金山泉重一两三厘，惠山泉、虎跑泉各重一两四厘，平山泉重一两六厘，南京清凉山泉和苏州虎丘泉各重一两一分。由此，乾隆帝得出结论："凡出山下而有洌者，诚无过京师之玉泉。"遂把玉泉定为"天下第一泉"。"玉泉垂虹"为金代"燕京八景"之一。

玉泉垂虹

[元]陈孚

雪波碧拥千崖高，落花点点浮寒瑶。

日斜忽有五彩气，飞上太空横作桥。

明代王绂《燕京八景图》之《玉泉垂虹》

古寺残钟塔铃语，回首前村犹急雨。

轻绡欲剪一幅秋，又逐西风过南浦。

陈孚（1259—1309），字刚中，浙江临海人。元代学者。有
《观光稿》《交州稿》等。

玉泉垂虹

［明］邹缉

碧嶂云岩喷玉泉，平流宁似瀑流悬。

遥看素练明秋壑，却讶晴虹饮碧川。

飞沫拂林空翠湿，跳波溅石碎珠圆。

传闻绝顶芙蓉殿，犹记明昌避暑年。

注：芙蓉殿，金章宗时期建，亦名玉泉行宫，在玉泉山
南坡。

邹缉（？—1442），字仲熙，自号素庵，吉水（今江西吉水）人。明洪武中举明经。永乐初为翰林院侍讲。精楷书。

玉泉垂虹

[明] 曾棨

跳珠溅玉出岩多，尽日寒声洒薜萝。

秋影涵空翻雪练，晓光横野落银河。

潺潺旧绕芙蓉殿，漾漾今生太液波。

更待西湖春浪阔，尊罍再听濯缨歌。

玉泉山

[明] 胡广

玉泉之山下出泉，泉流萦折如虹悬。

却带西湖连内苑，直下通津先百川。

微风时动碧波瀫，明月夜映清光圆。

此中会见古人影，故碣记得金元年。

胡广（1370—1418），字光大，吉水（今属江西）人。有《胡文穆公文集》。

玉泉

[明] 王英

山下泉流似玉虹，清泠不与众泉同。

地连琼岛瀛洲近，源与蓬莱翠水通。

出涧晓光斜映月，入湖春浪细含风。

迢迢终见归沧海，万物皆资润泽功。

王英（1376—1449），字时彦，号泉坡。江西金溪兴贤坊人。明代诗人、书法家。明朝宿儒。有《泉坡集》。

玉泉垂虹

[明] 李东阳

玉泉东下转逶迤，百尺虹霓欲倒垂。

石罅正当山断处，林光斜映雨晴时。

惟将远色兼天净，不恨微涓到海迟。

五老峰前巉一派，可能消得谪仙诗。

李东阳（1447—1516），字宾之，号西涯，谥文正。茶陵（今属湖南）人。天顺进士。明代中后期茶陵派的核心人物，诗人、书法家、政治家。有《怀麓堂集》等。

玉泉亭

[明] 王鏊

燕山自西来，连峰划中绝。有泉出其间，终古流不歇。石缝漱潺湲，螭头泻幽咽。飞注縠成帘，激射喷为雪。怒声亦砰鍧，静性终昭晰。心情藉浣湔，毛发归莹彻。珠体碎复圆，玉流方以折。缅怀六龙来，凛若万象别。天光借澄明，日影增荡漾。幡幢乱山椒，貔貅遍林樾。谁知百年后，尚睹孤亭魕。悠悠彼渔竿，盈盈者仙袜。不忍向唾洟，胡能斯厉揭。虎跑慎浪传，趵突差可啜。醉破伯伦醒，病失相如渴。卫公递莫通，陆子评久缺。何当携一罂，归洗人间热。

王鏊（1450—1524），字济之，号守溪，晚号拙叟，学者称其为震泽先生，吴县（今江苏苏州）人。明代文学家。

玉泉

[明]何景明

行游金口寺，坐爱玉泉名。

云去随龙女，风来动石鲸。

入宫朝太液，穿苑象昆明。

却望天河水，迢迢万古情。

何景明（1483—1521），字仲默，号白坡，又号大复山人，信阳（今河南信阳）人。明代文学家。有《大复集》等。

玉泉山

[明]刘侗、于奕正

山，块然石也，鳞起为苍龙皮。山根碎石卓卓，泉亦碎而涌流，声短短不属，杂然难静听，絮如语。去山不数武，遂湖，裂帛湖也。泉进湖底，伏如练帛，裂而珠之，直弹湖面，涣然合于湖。盖伏趋方怒，虽得湖以散，而怒未有泄，阳动而上，泡若沫若。阴阳不相受，故油中水珠，水中亦珠，动静相摩，有光轮之。故空轮流火，水亦轮水，及乎面水则泄，是固然矣。湖方数丈，水澄以鲜，深而浮色，定而荡光，数石朱碧，屑屑历历，漾沙金色，波波萦萦，一客一影，一荇一影，客无匿发，荇无匿丝矣。水拂荇也，如风拂柳，条条皆东。湖水冷，于冰齐分，夏无敢涉，春秋无敢盥，无敢啜者。去湖遂溪，缘山修修，岸柳低回而不得留。石梁过溪，亭其湖左，曰望湖亭，宣庙驻跸者，今圮焉。存者，南史氏庄。又南，上下华严寺，嘉靖庚戌虏阑入，寺毁焉。寺存者二洞：华严、七真。洞壁刻元耶律氏词也，人曰楚材者，

玉泉山

讹。又南，周皇亲别墅，今方盛。迁而西，观音庵。庵洞曰吕公，今存。昔吕仙憩此，去而洞名也。又北，金山寺，寺今荒破，未废尔。寺亦洞，曰七宝。是诸洞者，惟一华严，洞中度以丈，丈三之，其六曰洞，可狸鼠相蔽窥也。径寺登乎山，望西湖，月半规，西堤柳，虹青一道，溪塈间，民方田作时，大河悠悠，小河箭流，高田满岬，低田满毼。今湖日以亭圃，堤柳日以浓，田日以开。山旧有芙蓉殿，金章宗行宫也。昭化寺，元世祖建也。志存焉，今不可复迹其址。

刘侗（1593—1636），字同人，号格庵。湖广麻城（今属湖北）人。明代文学家。

于奕正（1597—1636），原名继鲁，字司直。宛平（今北京）人。明代文学家。

玉泉

[明] 朱宗吉

绝壁危梁转，飞泉落树端。

波涵青嶂月，声到白鸥滩。

野寺春云合，空山夜气寒。

老僧怜病渴，重为煮龙团。

朱宗吉，生卒年不详。明代文人。

玉泉垂虹

[清] 陈梦雷

叠嶂飞来水一泓，晴霓如练亘空横。

每随江月澄空影，乍逐天风作雨声。

濯秀平川芳草润，分流上苑御沟清。

长安尘土三千尺，洗耳还须杖策行。

陈梦雷（1650—1741），字则震，号省斋、天一道人，晚号松鹤老人，福建闽县（今福建福州）人。清代学者、文献学家。

玉泉赋

[清] 爱新觉罗·玄烨

若夫天产瑰奇，地标灵迥；融则川流，峙惟山静；抚风壤之清淳，对玉泉之幽靓；信芳甸之名区，而神皋之胜境也。而其洞壑厓屣，岩阿丛复；源出高冈，溜生寒麓；瑶窦溅珠，琼沙歆玉；控以翔螭，引之鸣瀑；初喷薄以飘丝，旋潆洄而曳縠，既瀿溵于涧溪，遂渺渺于陵陆。侔色则素缣无痕，俪质则纤尘不属，挹味则如醴如膏，揣声则为琴为筑。于是长输远逝，澶漫演迤；曲之为沼，渟之为池；

玉泉趵突碑

拭一泓之明镜，泻千顷之琉璃。排玲珑之雁齿，跨蜿蜒之虹鬐。拓澄湖而西汇，环仙籞而东驰。当其春日载阳，惠风潜扇；草绿初芽，柳黄欲线；卷百尺之湘漪，拖十重之楚练，荫远树之芊绵，泛落英之葱蒨。及夫长嬴届节，新涨平堤；林霏夕敛，岚彩晨飞；抽碧筒以徐引，缀丹的以纷披，展含风之翠葆，搴裛露之红衣。若乃炎歊既回，鲜飙疏豁；泠泠桂间，袅袅苹末；见凫雁之沉浮，望烟云之出没；掬皓魄于晴澜，散清晖于深樾。至于凄辰中律，水树萧骚；木叶尽脱，微霜始飘；耿冰雪以流映，拥贞姜而后凋；揽六宇之旷邈，寄余怀于沉寥。是其为状也，何时不妍，何妍不极；境近心远，目营神逸。有林坰之美，而无待于攀跻；有亭榭之安，而无劳于雕饰。岂所语于入华林者，拟濠濮之游；涉太液者，象蓬瀛之域也耶！

清明登玉泉山

[清]爱新觉罗·玄烨

寒食登高芳草青，泉声映柳出春亭。

心中怀得天然处，坐对沙鸥乐野汀。

玉泉春晓

[清]爱新觉罗·玄烨

郊墅初晴后，芳春曙色旋。

孤峦堆画障，细穴吐新泉。

浪静鲜鳞跃，风恬紫茵妍。

怡情看万象，浩浩思无边。

爱新觉罗·玄烨（1654—1722），清朝皇帝，年号"康熙"。敕修《古今图书集成》《全唐诗》《佩文韵府》《康熙字典》等。

玉泉十二韵

[清]纳兰性德

地涌西山脉，名标禁御泉。

百层飞作雨，万顷汇成渊。

润下终归海，源高却自天。

萦烟来树杪，带雪落云边。

隐见瑶光曳，琤苁佩响传。

红栋桥宛转，乌榜棹洄沿。

星汉随湾泻，楼台倒影鲜。

蛟龙蟠翠岛，雁鹜起琼田。

镜面晶荧合，珠痕荡漾圆。

翠流初放荇，娇拥半开莲。

睿赏悬孤鉴，余波溢九璇。

那居真有庆，鱼藻在诗篇。

玉泉

[清] 纳兰性德

芙蓉殿俯御河寒，残月西风并马看。

十里松杉清绝处，不知晓雪在西山。

纳兰性德(1655—1685)，字容若，号楞伽山人。满洲正黄旗人。清朝著名词人。有《通志堂集》《侧帽集》《饮水词》等，词集名《纳兰词》。

玉泉雨景

[清] 爱新觉罗·弘历

云容雨态散还凝，山色波光空且澄。

放眼水晶官阙里，如斯欣遇几回曾？

玉泉垂虹

[清] 爱新觉罗·弘历

涌湍千丈落垂虹，风卷云涛一望中。

声震林梢趋众壑，光浮练影挂长空。

跳波激石珠丸碎，溅沫飞花玉屑红。

自此恩波流处处，公田时雨泽应同。

爱新觉罗·弘历 (1711—1799)，清朝皇帝，年号"乾隆"，敕修《四库全书》《日下旧闻考》等。

玉泉趵突

[清] 爱新觉罗·载淳

西山趵突出天然，此是人间第一泉。

灵液养从丹嶂底，璇源涌自翠峰前。

翻空喷玉泠泠响，飞沫跳珠颗颗圆。

更溥无穷沾溉利，昆明湖水碧沦涟。

爱新觉罗·载淳（1856—1875），清朝皇帝，年号"同治"。

玉泉试茗

[清] 完颜麟庆

玉泉山，沙痕石隙，随地皆泉。山阳有穴，其泉涌出若沸，高三尺许。燕山八景旧称玉泉垂虹。

高宗以垂虹拟瀑泉则可，玉泉从山根仰出，喷薄如珠，实与趵突义合，因更正曰玉泉趵突。今在静明园内，为十六景之一。谨按：园建于康熙年间，本金章宗芙蓉殿址而拓成之，曰廓然大公、曰芙蓉晴照、曰竹垆山房、曰采香云径、曰圣因综绘、曰绣壁诗态、曰清凉禅窟、曰溪田课耕、曰峡雪琴音、曰玉峰塔影、曰裂帛湖光、曰风篁清听、曰云外钟声、曰镜影涵虚、曰翠云嘉荫，合趵突为十六。前高水湖，后裂帛湖，二水俱东汇昆明。宫门五楹，东向。高水湖心有楼曰影湖。小东门外有堤，亘昆明湖中，石桥通水，上建坊二，迤东为界湖楼。

七月二十四日，余偕二客过金山口青龙桥，沿石道至高水湖，水澄以鲜，漾沙金色。荷花香艳异常，鸂鶒、鹈鹕低飞，远立稻田弥望，俨是江南水乡。乃坐柳阴，汲玉泉，设不灰木垆，煨榾柮，煎阳羡松萝试之，甘洌清醇，为诸泉冠。伏读高宗御制记，有云：水味贵甘，水质贵轻。曾制银斗较量，玉泉之水每斗一两，塞上伊逊相同，济南珍珠泉较重二厘，扬子金山重三厘，惠山虎跑重四厘，平山重六厘，清凉、白沙、虎邱、碧云各

茗 试 泉 玉

《鸿雪因缘图记》中的《玉泉试茗》

重一分，惟雪水较轻三厘。顾雪水不恒得，则凡出山下者，无过玉泉。昔陆羽、刘伯刍或以庐山谷帘为第一，或以扬子江为第一，惠山为第二，虽享帚之论，然以轻重较之，尚非臆说，惜其未至京师云。圣论昭垂，天下第一，泉幸矣，品泉者更大幸矣。

完颜麟庆（1791—1846），字伯余，别字振祥，号见亭，满洲镶黄旗人。嘉庆十四年（1809）进士。清代官员、学者。麟庆生平涉历之事，各为记，记必有图，称《鸿雪因缘图记》，又有《黄运河口古今图说》《河工器具图说》《凝香室集》。

玉泉山隐居绝句二十首之一

[清]梁鼎芬

爱看斜阳自出门，萧然两友各无言。

一为涧底忘归鹿，一是林中入定猿。

松如高士竹佳人，傲兀婵娟意所亲。

今日始知闲最乐，开窗轻拂玉琴尘。

梁鼎芬（1859—1919），字星海，一字心海，又字伯烈，号节庵。广东番禺人。晚清学者、藏书家。有《节庵先生遗稿》等。

裂帛湖

裂帛湖位于京西玉泉山东，湖水自围墙根下的闸口流出，水声有些像撕裂锦帛，故名。刻有乾隆手书"裂帛湖"三字的巨石卧于水中。

《帝京景物略》："去山不数武，遂湖，裂帛湖也。泉进湖底，伏如练帛，裂而珠之，直弹湖面，涣然合于湖。"

《宸垣识略》："裂帛湖，泉源仰射如珠串，古榆荫潭上，极幽秀。过赵家堤，水更深碧。"

观裂帛湖

[明] 谭元春

荇藻蕴水天，湖以潭为质。

龙雨眠一湫，畏人多自匿。

百怪靡不为，喁喁如鱼湿。

波眼各自吹，肯同众流急。

注目不暂舍，神肤凝为一。

森哉发元化，吾见真宰谪。

谭元春（1586—1637），字友夏，号鹄湾，别号蓑翁。竟陵（今

裂帛湖

湖北天门）人。天启举人，明代文学家，"竟陵派"创始人。有《谭
友夏合集》等。

裂帛湖

[明]谭贞默

樾阴众泉区，非泉洑流也。

谡谡树杪声，乃在重潭下。

星沤上水天，日夜谁泛洒。

凡鱼不敢游，知有神龙舍。

坐久增幽森，昏鸦睨枯瓦。

谭贞默（1590—1665），字梁生，又字福征，号埽，又号埽庵，

别署聱道人，浙江嘉兴人。明朝学者。崇祯元年(1628)进士。有《谭子雕虫》《埽庵集》《三经见圣编》等。

裂帛湖

[明] 袁祈年

蠕蠕泉脉动，太古无停时。

虫鱼莫能托，非但寒不宜。

听如骤雨急，观如沸鼎吹。

水性怒自得，物性扰已亏。

去此渠暇裕，鱼游虫亦孳。

袁祈年，字田祖。湖广公安(今湖北公安)人。天启四年(1624)举人。有《小袁幼稿》《近游草》。

观裂帛湖

[明] 于奕正

天与水澹澹，水受天之碧。

上上自有根，来岂傍山隙。

荇藻蕴沉深，衍作数千尺。

波眼十百聚，腾起如下掷。

龙此性严寒，鱼虾不敢宅。

坐泉步其流，有候为阖辟。

裂帛湖

[清]朱彝尊

裂帛湖流两岸平，柳阴风暖燕飞轻。
年光冷笑长安客，开遍山桃不出城。

裂帛湖杂咏六首

[清]王士祯

裂帛湖光碧玉环，人家终日映潺湲。
分明一幅蔡侯纸，写出湖南千万山。

淋池十里芰荷风，太液西来一派通。
应有恩波下黄鹄，年年流入建章宫。

水轩面面似船窗，沙雁鸥鹙尽作双。
忽忆梦回闻柁鼓，一枝柔橹破烟江。

宣宗玉殿空山里，萧鼓楼船事已非。
何似茂陵汾水上，秋风南雁泪沾衣。

石瓮山头归片云，望湖亭上倚斜曛。
纸钱社酒棠梨道，不到湖边耶律坟。

万树垂杨扫绿苔，桃花深映槿篱开。

游人尽说西堤好，须及清明上巳来。

城西诗

[清] 王士祯

都城负太行，勒褐地形古。

城西富流水，磬折颇参伍。

裂帛担淳著，渊渊乃句矩。

北上青龙桥，云峰粲可数。

皎如奁中镜，晓窗照眉妩。

南过今口寺，遍地鹅王乳。

锦石映文鱼，白频间红庄。

吾家鲁连陂，蓑笠渺烟浦。

小别二十年，稻胜几风雨。

安得半尺箨，行歌鞭水牯？

王士祯（1634—1711），原名王士禛，字子真、贻上，号阮亭，又号渔洋山人，人称王渔洋，谥文简。新城（今山东桓台）人。清初诗人、学者、文学家。有《渔洋山人精华录》《池北偶谈》等。

裂帛湖

[清] 查嗣瑮

石迸珠光碎，风磨镜面平。

若教褒女听，应爱此泉声。

查嗣瑮（1652—1733），字德尹，号查浦，浙江海宁袁花人。清康熙三十九年（1700）进士。

裂帛湖光

[清] 爱新觉罗·弘历

山东麓为裂帛湖，昔人谓泉从石根出，溢为渠者是也。由昆明湖放舟以达园中，傍岸置织局，桑畴映带，有中吴风景。

湖名传日下，此日偶重题。

縠影风前裂，机声烟外低。

喋喁乐鲦鲤，翔翥集凫鹥。

讵止歌清浊，还因会筦倪。

昆明湖

昆明湖，古称七里泊、瓮山泊、大泊湖、西湖，水源于玉泉诸水。金、元、明之际，湖状如半月，西北岸呈半圆形。以青龙桥、功德寺为界，东北岸为西堤，似弦，位于瓮山（今万寿山）西侧至南湖岛一线。

元至元二十九年（1292），郭守敬引白浮泉及西山诸泉，汇入这一水域，并扩大疏浚，使之成为向京城供水的一座蓄水库。后因白浮瓮山河废弃，上源断流，面积逐渐缩小，周长仅5公里。

清乾隆十四年（1749），将西湖向东、南两面扩展，将堤防向东移至今知春亭以东，原堤东稻田及零星水面辟为新湖，又仿杭州西湖的苏堤在湖中重修一道西堤，并于堤上建6座桥，使东西两湖之水相通；向南将堤岸从今南湖岛处移至绣漪桥下，留下孤岛，建十七孔桥与东岸相连。扩展后湖周长30多里，"廓与深两倍于旧"，成为北京最早、最大的人工水库。

乾隆十五年（1750），将该湖更名为"昆明湖"。为补充水源，乾隆十六年（1751）分别从香山的双清、碧云寺的水泉院、樱桃沟的水源头诸泉铺设总长7000米的引水石槽，将泉水导入昆明湖。

昆明湖以西堤及支堤相隔分为东湖、西北湖和西南湖，是颐和园的主要景区，其面积约占全园面积的3/4。

今日昆明湖

西湖

[明] 王英

雨余凫雁满晴莎，风动寒香散芰荷。

曾见牙樯牵锦缆，遥瞻翠葆渡银河。

秋光森森连天似，山势层层到岸多。

好是斜阳湖上景，莲花莲叶绣回波。

西湖

[明] 王直

玉泉东汇浸平沙，八月芙蓉尚有花。

曲岛下通蛟女室，晴波深映梵王家。

常时凫雁闻清嗅，旧日鱼龙识翠华。

堤下连云粳稻熟，江南风物未宜夸。

　　王直（1379—1462），字行俭，号抑庵，江西泰和澄江镇西门村人。明代政治家、学者。

西湖

[明] 文徵明

春湖落日水拖蓝，天影楼台上下涵。

十里青山行画里，双飞百鸟似江南。

思家忽动扁舟兴，顾影深怀短绶惭。

不尽平生淹恋意，绿荫深处更停骖。

文徵明（1470—1559），字徵明，号衡山居士，长洲（今江苏苏州）人，明代书画家、文学家。有《甫田集》。

行经西湖

[明]马汝骥

西湖宣皇迹，辇道依然行。

岸夹芰荷密，波摇松桧明。

日朱合璇盖，云彩扬丹旌。

岩壑留王气，楼台表神营。

周巡车马遍，夏豫歌颂成。

寂寂龙归久，鸪鸪徒尔鸣。

西湖

[明]马汝骥

珠林翠阁倚长湖，倒映西山入画图。

若得轻舟泛明月，风流还似剡溪无。

马汝骥（1493—1543），字仲房，陕西绥德（今陕西榆林绥德）人。明正德十二年（1517）进士。有《西元集》。

初夏西湖候驾

[明]姚涞

烟开杨柳度回塘，如鹊如虹欲架梁。

鹭北鸯南原一渚，芦长蒲短自为乡。

龙舟彩色来西苑，宝刹钟声出上方。

纪瑞词臣惭肆夏，薰风先跸涌云章。

姚涞（？—1537），浙江慈溪（今浙江宁波慈溪）人。明正德十一年（1516）举人，嘉靖二年（1523）状元。明代名臣。

西湖堤上

[明] 姚汝循

西湖湖上路，十里大堤平。

雨后飞埃敛，风前归骑轻。

青蒲翻立鹭，碧树隐流莺。

今夜江天梦，应先绕帝城。

姚汝循（1535—1597），初名理，字汝循，后改字叙卿，别号凤麓。江宁（今江苏南京）人。明代诗文家。有《锦石山斋集》《屏居集》《浪游集》《耕余集》《姚汝循诗》等。

西堤

[明] 刘侗、于奕正

水从高梁桥而又西，萦萦入乎偶然之中。岸偶阔狭，而面以阔以狭。水底偶平不平，而声以鸣不鸣。偶值数行柳垂之，傍极乐、真觉诸寺临之，前广源闸节之，上麦庄桥越之，而以态写，以疏密致，以明暗通。过桥，水亦已深，偶得溃衍，遂湖焉。界之长堤，湖在堤南，堤则北，稻田豆场在堤北，堤则南。曰西堤者，城西堤也。堤，官堤，人无敢亭，无敢舫，无敢渔。荷年年盛一湖，无敢采采。凡荷藕恶石及水，芋恶泥，蒂恶流水，花叶恶水而乐日，故水太深以流，泥太深浅者，不能花也。西堤望湖，不花者，数段耳。荷花时即叶时，花香其红，叶香其绿，香皆以其粉。荷，风姿而雨韵：姿在风，羽红摇摇，扇白翻翻；韵在雨，粉历历，碧琤琤，珠溅合，合而倾。荷，朵时笔植，而花好偃仰，花头每重，柄每弱，盖每傍挤之。菱砌芡铺，簪之慈菇，鹭步鸥投，浮鹥没凫，则感荷而愁鱼矣。堤行八九里，龙王庙，庙之傍黑龙潭，隔湖一堤，而各为水。又行一里，堤始尾，湖始濒，荷香始回。右顾村百家，上青龙桥，即玉泉山下也。万历十六年，上谒陵还，幸湖，御龙舟。先期，水衡于下流闸水，水平堤。内侍潜系巨鱼水中，处处识之，则奏举网，紫鳞银刀，泼刺水面，上颜喜。

西堤道上

[明] 范文光

晴云吹晓踏春城，山影随风尽倒生。

可惜游人尘土里，马蹄长带翠岚行。

范文光（1605—1652），字仲暗，四川内江人，天启元年（1621）举人。

昆明湖西堤

西湖长堤

[明] 吴惟英

斜日长堤迥，村烟接帝京。

路从溪外转，人在树中行。

野草石桥短，沙鸥春水轻。

回看游赏地，晴爽万山明。

吴惟英，生卒年不详。字国华，明代人。

堤行

[清] 王崇简

山势苍茫去，长堤整复斜。

仄崖悬一寺，密树隐千家。

雨际有无日，水边上下花。

纭纭人影夕，高柳不能遮。

王崇简（1602—1678），字敬哉，一作敬斋，顺天府宛平（今北京）人。明崇祯十六年(1643)进士。清初大臣。有《青箱堂诗集》传世。

西堤

[清]王士祯

堤外春流界稻田，堤边鸥鹭净娟娟。

风烟里畔千条柳，十里清阴到玉泉。

西湖散步诗

[清]沈德潜

左带平田右带湖，晴虹一路绕菰蒲。

波间柳影疏间密，云际山容有忽无。

遗臭丰碑旧阍竖，煎茶古寺老浮屠。

闲游宛似苏堤上，欲向桥边问酒胪。

沈德潜（1673—1769），字确士，号归愚，长洲（今江苏苏州）人，清代诗人。乾隆四年（1739）进士。有《沈归愚诗文全集》等。

御制万寿山昆明湖记

岁己巳，考通惠河之源而勒碑于麦庄桥。《元史》所载引白浮、瓮山诸泉云者，时皆湮没不可详。夫河渠，国家之大事也，浮漕利涉灌田，使涨有受而旱无虞，其在导泄有方，而潴蓄不匮乎！是不宜听其淤闶泛滥而不治。因命就瓮山前，艾苇茭之丛杂，浚沙泥之隘塞，汇西湖之水，都为一区。经始之时，司事者咸以为新湖之廓与深两倍于旧，踟蹰虑水之不足。及湖成而水通，则汪洋漭沆，较旧倍盛，于是又虑夏秋泛涨或有疏虞。甚哉，集事之难，可与乐成者以因循为得计。而古人良法美意，利足及民而中止不究者，皆是也。今之为闸、为坝、为涵洞，非所以待泛涨乎？非所以济沟塍乎？非所

昆明湖碑

以启闭以时,使东南顺轨以浮漕而利涉乎?昔之城河水不盈尺,今则三尺矣。昔之海甸无水田,今则水田日辟矣。顾予不以此矜其能而滋以惧。盖天下事必待一人积思劳虑,亲细务有弗辞,致众议有弗恤,而为之以侥幸有成焉,则其所得者必少,而所失者亦多矣。此予所重慨夫集事之难也。湖既成,因赐名万寿山昆明湖,景仰放勋之迹,兼寓习武之意。得泉瓮山而易之曰万寿云者,则以今年恭逢皇太后六旬大庆,建延寿寺于山之阳,故尔。寺别有记,兹特记湖之成,并《元史》所载泉源始末废兴所由云。

　　　　　　乾隆十有六年岁次辛未长至月御制并书

湖上

[清]朱正初

长堤曲曲石磷磷,柳色参差接望春。

烟锁禁中疑作雨,风过湖上不生尘。

翠分悬瀑穿云白,绿尽平芜入涨新。

随处青旗能醉客,客身十载此沉沦。

朱正初,生卒年不详,号六泉居士,安吉赤渔村(今浙江安吉)人,清代诗人。

昆明湖

　　湖为玉泉龙泉所潴，地势最洼，受诸泉之委汇为巨浸。乾隆癸亥，命疏浚开拓周四十里，赐名昆明湖。堤上有廓如亭，亭北为昆仑石。其旁范铜为牛，背铸御制金牛铭。

　　　　战功雄汉武，水利溥皇州。

　　　　亭榭经心鉴，旌旗到眼收。

　　　　烟尘销铁马，波浪下金牛。

　　　　即此觇河海，荣光出上流。

昆明湖

　　[清]李静山

　　昆明湖上晚晴初，眼望铜牛柳半疏。

　　水远楼深难画处，顿教俗虑自消除。

　　李静山，生卒年不详，晚清诗人。编撰有《增补都门杂咏》。

昆明湖西堤

长河（昆明湖—紫竹院）

　　长河源自西山山麓，通过昆明湖至海淀麦庄桥，折向东南，至西直门高粱闸并由此汇入德胜门水关，进入积水潭，全长15余公里。长河在历史上曾为历代北京城护城河的引水渠，辽代称其为"高粱河"，金代称"皂河"，元代称"金水河"，明代称"玉河"，清代始称"长河"。

　　清末以后，长河因疏于修浚，水道逐渐淤塞变浅，且时有断流。1999年，北京市开始大规模疏浚河湖水系，长河得以畅通。

绣漪桥

绣漪桥位于颐和园南如意门内，建于清乾隆十五年（1750），是连接东堤与西堤、长河与昆明湖的水陆交通要道，素有"昆明湖第一桥"之称。为满足行船要求，绣漪桥建为高拱单孔桥，人们习惯称它为"罗锅桥"。清代帝、后来颐和园时，经常从西直门外倚虹堂或乐善园（今北京动物园）上船，经长河从绣漪桥下进入昆明湖。

绣漪桥

昆玉河

绣漪桥（二首）

[清] 爱新觉罗·弘历

进舫长河过广源，石桥饮练锁溪园。

风漪春水文章丽，神绣应成天女孙。

湖口东南第一桥，锁波委影势飘萧。

假如借作天孙杼，绣出应饶泉客绡。

麦钟桥

　　麦钟桥又称麦庄桥，位于海淀区蓝靛厂南长河上。始建于明代，明嘉靖年间的《京师五城坊巷胡同集》记为"麦庄桥"。《世宗嘉靖实录》记载：嘉靖十七年（1538）五月，"诏修沙河、朝宗、麦庄三桥"。清乾隆十三年（1748）在麦庄桥旁立石碑及碑亭，碑阳面镌刻600多字的御制《麦庄桥记》，详细记述了桥下之水泉、河道及沿河桥闸的情况。碑阴镌刻御制《麦庄桥诗》。民国时期称麦庄桥，到20世纪50年代改称麦钟桥，桥名使用至今，但古桥早已被拆除。传说永乐大钟由德胜门汉经厂移到万寿寺悬挂，不久就卸下来，弃之地上，后埋在桥旁，到乾隆年间才移至大钟寺，因此又有"埋钟桥"的说法。清末以后，石桥日渐毁损。

中华人民共和国成立后，在旧桥基础上搭建了一座混凝土平板桥梁。1999年疏挖市区河湖水系时，将平板桥梁拆除，保留了麦钟桥的桥墩部分，并在古桥东侧新建了一座高拱桥梁。古桥旁刻有"古麦钟桥遗址"保护标志。

麦庄桥诗

[清] 爱新觉罗·弘历

新涨平堤好进舟，霁空风物报高秋。

闻钟背指万寿寺，摇橹溯洄西海流。

送爽一天云似缕，娱情两岸稼如油。

石桥郭外经过屡，试问常年得似不？

泛舟自西海至万寿寺（四首）

[清] 爱新觉罗·弘历

堤柳汀蒲带涨痕，蝉声嘒不厌清喧。

麦庄十里轻舟疾，似泛江南烟雨村。

雨过溪风送晓寒，西峰迤逦濯巉岏。

舟行不与山为别，何事香山面北看。

招提门枕碧溪流，月相瞻依偶憩留。

忆我当年题句处，假山松栝绿阴稠。

古麦钟桥遗址

禅关自是忘机处，我到禅关我并忘。

柳岸舣舟因得句，谁从衲侣问真常。

麦庄桥记

[清]爱新觉罗·弘历

水之有伏脉者其流必长，亦如人之有蕴藉者其德业必广。济水三伏三见，黄河亦三伏三见，此其大者矣。如京师之玉泉汇而为西湖，引而为通惠，由是达直沽而放渤海。人但知其源出玉泉山，如志所云巨穴喷沸随地皆泉而已。而不知其会西山诸泉之伏流，蓄极溢涌，至是始见，故其源不竭而流愈长。《元史》所载通惠河引白浮、瓮山诸泉者，今不可考。以今运河论之，东雉、西勾如俗所称，万泉庄其地者，其水皆不可资。所资者惟玉泉一流耳。盖西山、碧云、香山诸寺皆有名泉，其源甚壮，以数十计。然惟曲注于招提精蓝之内，一出山则伏流而不见矣。玉泉地就夷旷，乃腾迸而出，潴为一湖。康熙年间，依金章宗之旧地，建园于山之阳，名曰静明。园之西乳窦淙淙如趵突者为玉泉总脉，其余汍然而泛滥于湖者不可胜数。诗人比之垂虹之瀑，及所云疏龙首而出之者皆妄也。东流而为西湖，则以居京师之西，又明时有西湖景之称，乃假借夫余杭而倡说于珰竖耳。折而南经长春、麦庄二桥，夹岸梵宇颇丽。其大者为广仁、昌运、万寿。万寿之左即为广源闸。于是水有高下之分矣。自闸东南行，经白石、高梁二桥遂至城之西北隅，分为二：一由西直门外绕而南东，又东北以会于大通桥；一由德胜门外绕而东南，又东行以会于大通桥。其自德胜门西分流以入太平桥者为积水潭，为太液池，分合有数道，并环

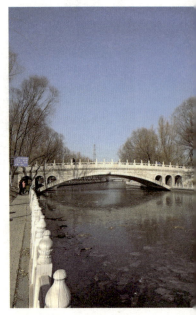

新麦钟桥

麦钟桥上的镇水兽

绕紫禁，由东南御河桥穿内城以出，以会西来之水。自大通桥以下至通州为闸五，为桥三。夫东南转漕，国家之大计也。使由通而车载背负以达于都门，将不胜其劳。则玉泉之利岂非天地钟灵神京发皇之祯符哉！青龙闸非盛涨不启，奉宸苑司其事，盖如尾闾之泄云尔。麦庄桥为城外适中之地，故为之记而勒碑于是。

万寿寺

万寿寺在西直门外长河北岸、广源闸西侧，据《钦定日下旧闻考》卷七十七"国朝苑囿"卷记载，万寿寺始建于明万历五年（1577），清乾隆十六年（1751）重修，乾隆二十六年（1761）再修。

《长安客话》："寺在广源闸西数十武，为今上代修僧梵处。璇宫琼宇，极其宏丽。有山亭在佛阁后，可结跌坐。十六年上曾于此尚食，不敢启视。"

万寿寺

［明］林尧俞

十里广源路，一林开士家。

洪钟来禁苑，清梵散春花。

洞窈观云入，萝生著石斜。

寺成全帝力，民共拜烟霞。

林尧俞（？—1626），字咨伯，莆田（今福建莆田）人。万历十七年（1589）进士。有《列朝诗集》《静志居诗话》。

西海泛舟至万寿寺（三首）

[清]爱新觉罗·弘历

雨洗浓阴翠欲流，西山烟景望中收。

玉泉也觉添新涨，雁齿红桥验拍浮。

谁论禅宗北与南，扁舟乘兴访精蓝。

菰蒲烟里鸥波阔，举似阇黎正好参。

敕建万寿寺

不为拈髭觅句迟，留人佳处坐移时。

去年风景分明在，只有庭前柏树知。

舟过万寿寺

［清］爱新觉罗·弘历

玉河廿里御园通，无恙风帆下远空。

忽过精蓝回首望，假山松栝静存中。

舟泛长河杂咏（二首）

［清］爱新觉罗·弘历

香飘禾黍露华浮，悦目长河耐进舟。

欲返御园趁晨爽，桂花深处度中秋。

堤柳汀芦澄晓烟，鸣桡声里度前川。

回看万寿寺中柏，活句放参忽一年。

长河进舟小憩乐善园（二首）

［清］爱新觉罗·弘历

烟航沿泛趁晨凉，二麦登秋岸圃黄。

更喜昨来飞阵雨，溪田水足长新秧。

麦庄桥畔涨痕深，万寿寺中松桧森。

几度低徊浑似昔，一时吟眺又成今。

长河

泛舟过万寿寺即景杂咏（四首）

[清]爱新觉罗·弘历

溪路高梁一漾舟，来牟夹岸绿盈畴。
云容水态不相厌，画意诗情分与投。

静坐合间俯碧湲，布帆无恙度禅关。
山僧候驾遥相望，孰是匆匆孰是闲。

小参白业记前遭，风利今朝稳送艘。
松栝假山应好在，待予长夏听寒涛。

闲置亭台种柳株，欲将胜概拟西湖。
好春应为同民乐，能乐伊谁白与苏。

泛舟长河过万寿寺

[清]爱新觉罗·弘历

龙见将常雩，致斋返紫禁。
兰舟过照园，秀木张清荫。
问景谢今步，领要忆前吟。
却非辟异端，吾不为已甚。

万寿寺瞻礼作

[清]爱新觉罗·弘历

迩岁每斯历，祇园却未停。

今朝有余暇，初地况常经。

松柏增古色，冈峦无俗形。

不堪翘首望，祝嘏颂书屏。

万寿寺

[清]潘曾莹

门外即西山，山势莽回互。

门内尽奇石，石气积云雾。

遥青与近绿，朝暮各殊趣。

坐卧于其间，豁然得奇悟。

瀯瀯松风来，天籁此中度。

据石看青山，遐情引烟素。

潘曾莹（1808—1878），吴县（今江苏苏州）人。

广源闸

广源闸位于五塔寺与万寿寺之间，元至元二十六年（1289）

广源闸

建成，明清重修。

《水部备考》："广源闸在西直门西七里，至元二十六年建。"

《长安客话》："出真觉寺循河五里，玉虹偃卧，界以朱栏，为广源闸，俗称豆腐闸，即此闸。引西湖水东注，深不盈尺。宸游则堵水满河，可行龙舟。缘溪杂植槐柳，合抱交柯，云覆溪上，为龙舟所驻。每通惠河水涸，粮运不前，则遣官于此祭祷诸水云。"

《旧都文物略》："在长河中间，昔时慈禧太后乘船回颐和园于此换船。两岸杨柳青葱，景物佳妙。"

《宸垣识略》："水关在德胜门西里许，水自西山经高梁桥来，穴城址而入，有关为之限……又西直门外长河万寿寺西有广源闸，土人呼为斗府闸，其始建在元至元二十六年（古籍出版社为至正二十六年，有误），距西直门七里。"

《燕都游览志》："水关在德胜门西里许，水自西山经高梁桥来。穴城址而入，有关为之限，下置石螭，迎水倒喷，旁分左右，既噏复吐，淙淙然自螭口中出。"

九月二十三日城外记游作

[元] 吴师道

杪秋暇日休弘歌，五门城外观新河。

斗门决水已数日，浅沙漫漫无余波。

吴师道（1283—1344），字正传。元末婺州兰溪（今浙江兰溪）人。有《易诗书杂说》《战国策校注》等。

广源闸望西山

[明] 何御

山水有佳趣，景象在朝暾。

晨倚河堤望，旷然尽平原。

春干寂已歇，秋容粲复繁。

疏峰互对立，叠涧迅相奔。

行人穿露薄，樵子出烟村。

陟岭遂及巅，溯流得穷源。

讵询世外乐，聊辟区中喧。

何御，生卒年不详，字范卿（一说字范之），号蓝川，福清（今属福建）人。有《白湖集》。

过广源闸换舟遂入昆明湖沿缘即景杂咏

〔清〕爱新觉罗·弘历

广源设闸界长堤，河水遂分高与低。

过闸陆行才数武，换舟因复溯洄西。

万寿寺无二里遥，墙头高见绣幡飘。

维新梵宇非崇佛，都为今冬庆典昭。

朱衣僧跪寺门前，不挂紫衣不透禅。

蓦直进舟弗返顾，个惟调御证因缘。

夹岸香翻禾黍风，无论高下绿芃芃。

所希此后雨旸若，未敢秋前说兆丰。

水痕涨落尺犹余，蒲苇根还泥带淤。

北运河消堤岸固，关心庆未害菑畬。

麦庄迤逦接长春，平水无劳更易舠。

西岸营房初建置，无非惠众俾安身。

东岸墙临圣化寺，其中林木颇清幽。

晨凉图趁归御苑，更弗门前命系舟。

轧轧鸣榔过绣漪，昆明百顷绿波披。

舟行十里诗八首，却未曾消四刻时。

广源闸易舟过万寿寺至昆明湖登陆回御园沿途即景杂咏

［清］爱新觉罗·弘历

广源一闸界东西，水截长河高与低。

舟不可通应易进，早看舣棹候前堤。

花官窈窕枕长川，云水僧人跪道边。

风利不须重结缆，付他到点自参禅。

紫竹院行宫

紫竹院

元《析津志》载："肃清门广源闸别港有英宗、文宗二帝龙舟。"元代时皇帝即有西郊泛舟之举，利用紫竹院湖作为停泊、存放龙舟之处。清乾隆十六年（1751）增建"福荫紫竹院"，用来承办帝、后水路出游换船事宜。后破败。2010年，福荫紫竹院得以修缮，主要建筑有报恩楼、前殿、东西妃子房、游廊等。相传，当年慈禧皇太后在前往万寿寺拈香礼佛之前要在报恩楼梳妆及用早膳，因而报恩楼又俗称"慈禧梳妆楼"。

双林寺歌

[明]冯琦

长安春风能几许？阵阵化作秋来雨。

苍狗白衣那可辨，古今荣辱宁堪数？

君不见元明官，君不见双林寺？

　　冯琦（1558—1603），字用韫，号琢庵，益都（今山东临朐）人。明代著名官员、学者和文学家。有《宗伯集》。

紫竹院

[明]王熙

紫竹禅关迥，虚亭老树前。

槛低花影静，林密鸟声传。

钟梵闲清书，池塘遍野泉。

夕阳楼影下，归骑破春烟。

　　王熙（1628—1703），字子雍，一字胥廷，号慕斋，顺天府宛平县（今属北京）人。清顺治四年（1647）进士，改庶吉士，授编修。谥文靖。有《文靖集》。

双林禅院观荷诗

[清] 叶映榴

胜侣寻幽刹，芳筵对水张。

宿红窥镜影，高翠捧珠光。

雨后人尤爱，觞传我亦狂。

相看尘土气，俱付碧云乡。

叶映榴（1642—1688），字炳霞，号苍岩，上海人。去世后其子整理其诗，成《忠节遗稿》。

倚虹堂遗址

倚虹堂在西直门外长河北岸，高梁桥附近，是清代的码头行宫。乾隆十六年（1751）建成，是乾隆皇帝弘历为皇太后六十大寿所建。自此处，可乘舟至颐和园。倚虹堂为样式雷设计，现存有《倚虹堂》《倚虹堂古船坞地盘画样》《倚虹堂清挖河泡船道图》等图纸。

题倚虹堂

[清] 爱新觉罗·弘历

桥畔堂成辛未年，大安登辇庆敷天。

崇基已见祥贻永，盛典行将举继前。

来往每因裁咏什，雨旸惟是廑农田。

虹光银渚一湾映，春色皇州万祀绵。

倚虹堂

[清]爱新觉罗·弘历

高梁桥侧倚虹堂，小驻传餐趁早凉。

自壁题诗今复昔，赤心祈岁雨和旸。

自倚虹堂泛舟至乐善园

[清]爱新觉罗·弘历

桥畔数间屋，于斯可换舟。

长河夏水足，两岸树阴稠。

倚虹堂放舟

[清]爱新觉罗·弘历

溪堂倚桥侧，春水进舟平。

涨影层含砌，漪文倒漾楹。

缆牵回望处，堤柳翠烟横。

高粱河（紫竹院—积水潭）

　　《水经注》："高粱河出自并州，乃黄河别源，经本州东南高粱店流入都城海子。泉在州治西南新屯，十五里。广约一亩，东流与高粱河合。"

　　《日下旧闻考》："高粱河为玉河下游，玉泉山诸水注焉，高粱，其旧名也。"

高梁河，又名高良河、高梁水。在古永定河河道向南摆动的过程中，高梁河与古永定河曾是同一河道。20 世纪 90 年代，在白石桥西侧铺设地下管道时，发现河砂、卵石及七八米厚的黑色淤泥。据此，高梁河水道是古永定河故道之说并不是无根据的。直到古永定河迁流至蓟城南，高梁河方与古永定河分开。分开后的高梁河，其上游水道有两条：一条是连通古永定河的人工渠道，即曹魏嘉平二年（250），征北将军刘靖修戾陵堰、开车箱渠，开挖了高梁河西段水道，引永定河水灌溉蓟城北、东农田；另一条是源于蓟西北平地泉（今紫竹院处）的天然河道。两条河道在今白石桥附近汇合，东流至德胜门一带，称为东段。此后，水流又分为两支：一支是南行的"三海大河"（后称萧太后河）入湿水，另一支东行经今坝河入温榆河。后来，由于流向东南的高梁河埋塞，水量较小的高梁河水在古永定河遗留下的宽阔河谷洼地逐渐积存形成湖泊。

高梁桥

《日下旧闻考》："京城之西北之门，元代称和义门，明代改称西直门，清代因之，沿用至今。西直门外有河名高梁河，河之上有桥名高梁桥，桥孔有闸名高梁闸，始建于元至元二十九年（1292）。"

高梁桥遗址

西山诸水汇于瓮山湖（昆明湖），继而下过麦庄桥、广源闸，而至高梁河闸、白石桥，高梁河水至高梁桥后分为两条：一条进入护城河，过大通桥汇入通惠河，为北运河漕运通道；一条经德胜门进入积水潭，汇入什刹海、中南海、北海进入金水河，是为皇城护城河。

高梁河

[元] 马祖常

天下名山护此邦，水经曾见驻高梁。

一舸清浅出昌邑，几折萦回朝帝乡。

和义门边通辇路，广寒宫外接天潢。

小舟最爱南薰里，杨柳芙蕖纳晚凉。

马祖常（1279—1338），字伯庸，居净州天山（今内蒙古四子王旗），后徙居光州（治今河南潢川）。延祐进士，元代文学家。有《石田先生文集》。

暮春游高梁桥即事

［明］袁宗道

弱柳晴无烟，空翠开清潭。

长堤三十里，波影随行骖。

雕弓簇小竖，茜衫逐冶男。

西山如螺髻，万黛滴僧蓝。

姬歌度细缕，酒气生烟岚。

凫母出窥人，茭蒲绿蓝鬖。

时闻流莺语，的的似江南。

袁宗道（1560—1600），字伯修，号石浦。湖广公安（今属湖北）人。明代文学家，与弟宏道、中道并称"三袁"，同以"公安派"著称。有《白苏斋类集》。

游高梁桥记

［明］袁宏道

高梁桥在西直门外，京师最胜地也。两水夹堤，垂杨十余里，流急而清，鱼之沉水底者，鳞鬣皆见。精蓝棋置，丹楼珠塔，窈窕绿树中。而西山之在几席者，朝夕设色以娱游人。当春盛时，城中士女云集，缙绅士大夫非甚不暇，未有不一至其地者也。

三月一日，偕王生章甫、僧寂子出游。时柳梢新翠，山色微岚，水与堤平，丝管夹岸。跌坐古根上，茗饮以为酒，浪纹树影以为侑，鱼鸟之飞沉，人物之往来，以为戏具。堤上游人，见三人枯坐树下若痴禅者，皆相视以为笑，而余等亦窃谓彼筵中人喧嚣怒诟，山情水意，了不相属，于乐何有也？少顷，遇同年黄昭质拜客出，呼而下，与之语，步至极乐寺观梅花而返。

高梁河

[明] 袁宏道

东风织溪面，细纬叠春罗。

长波将人影，直直入官河。

一万树垂杨，无枝不系珂。

阉贵马嘶风，挟弹睫前过。

精蓝如兜率，朱碧鲜且多。

微沙障西山，罗縠中青娥。

随荫即开席，酒倾若洪波。

归路及严更，门尉稍谯呵。

宪令禁肩篮，醉卒控疲骡。

浴佛日游高梁桥

[明] 袁宏道

节是祇园会，欢同曲水池。

妖童歌串乱，天女蔓花随。

是树皆停盖，无波不泛卮。

鱼龙与角抵，乐事看君为。

游高梁桥

[明] 袁宏道

花时晴色酿芳原，出郭犹如出槛猿。

雾质风梢新柳缕，皱皮瘦骨老藤根。

红云尾变知鱼热，碧缬纹繁觉水温。

耳听碧流心翠岭，闲谈恰已到山门。

袁宏道（1568—1610），字中郎，号石公，湖广公安（今属湖北）人。明代文学家。有《袁中郎全集》。

高梁河

[明] 袁中道

觅寺何辞远，逢僧不厌多。

一泓春水疾，十里柳风和。

香雾迷车骑，花枝拂绮罗。

半年尘土色，涤浣此清波。

游高梁桥记

[明] 袁中道

高梁旧有清水一带，柳色数十里，风日稍和，中郎拉予与王子往游。时街民皆穿沟渠淤泥，委积道上，羸马不能行，步至门外。

于是三月中矣，杨柳尚未抽条，冰微泮，临水坐枯柳下小饮。谭锋甫畅，而飙风自北来，尘埃蔽天，对面不见人，中目塞口，嚼之有声。冻枝落，古木号，乱石击。寒气凛冽，相与御貂帽，着重裘以敌之，而犹不能堪，乃急归。已黄昏，狼狈沟渠间，百苦乃得至邸，坐至丙夜，口中含沙尚砾砾。

噫！江南二三月，草色青青，杂花烂城野，风和日丽，上春已可郊游，何京师之苦至此。苟非大不得已，而仆仆于是，吾见其舛也。且夫贵人所以不得已而居是者，为官职也。游客山人所以不得已而至是者，为衣食也。今吾无官职，屡求而不获，其效亦可睹矣。而家有产业可以糊口，舍水石花鸟之乐，而奔走烟霾沙尘之乡，予以问予，予不能解矣。然则是游也宜书，书之所以志予之嗜进而无耻，颠倒而无计算也。

袁中道 (1570—1626)，字小修，号凫隐。湖广公安 (今属湖北) 人。万历进士，明代文学家。有《珂雪斋近集》等。

四月八日集高梁桥

[明]董其昌

人天眂佛日，风土纪皇都。

水坐疑修禊，觞行或赐酺。

花茵调怒马，珠弹起栖鬼。

谁识逃虚者，高明混酒徒。

董其昌（1555—1636），字玄宰，号思白、香光居士，华亭（今上海松江）人。万历进士，明代书画家。有《容台集》《画旨》等。

高梁桥

[明]顾起元

路转柳桥曲，河连杏渚长。

半天分树色，匝地起花香。

望入朱楼隐，行宜翠幰张。

何期帝城畔，咫尺到沧浪。

高梁桥

[明]顾起元

初夏风吹麦穗寒，柳花才放杏花残。

高梁桥水鳞鳞碧，恰似江南雨后看。

顾起元（1565—1628），字太初，应天府江宁（今江苏南京）人。明代万历二十六年（1598）进士。有《蛰庵日录》。

高梁桥秋望

[明]何宇度

一出郊关外，河山四望新。

平堤欢驻马，秋水羡垂纶。

桥以沙为岸，村依寺作邻。

绿杨千万树，仿佛故园春。

何宇度，生卒年不详，字仁仲，湖广安陆（今湖北安陆）人，詹事府碌事。

夏日集高梁桥禅寺

[明]林尧俞

行行西出郭，暑气入林消。

饮马初逢涧，听莺忽度桥。

趁阴移野酌，过午见归樵。

酒渴思清磬，山僧适见招。

高梁桥

[明]刘侗、于奕正

水从玉泉来，三十里至桥下，荇尾靡波，鱼头接流。

夹岸高柳，丝丝到水。绿树绀宇，酒旗亭台，广亩小池，

荫爽交匝。岁清明，桃柳当候,岸草遍矣。都人踏青高梁桥,

舆者则褰，骑者则驰，蹇驱徒步，既有挈携，至则棚席幕青，

毡地藉草，骄妓勤优，和剧争巧。厥有扒竿、觔斗、唎喇、筒子、马弹解数、烟火水嬉。扒竿者，立竿三丈，裸而缘其顶，舒臂按竿，通体空立移时也。受竿以腹，而项手足张，轮转移时也。衔竿，身平横空，如地之伏，手不握，足无垂也。背竿，髁夹之，则合其掌，拜起丁空者数也。盖倒身忽下，如飞鸟堕。觔斗者，拳据地，俯而翻，反据，仰翻，翻一再折，至三折也。置圈地上，可指而仆尔，翻则穿一以至乎三，身仅容而圈不动也。叠案焉，去于地七尺，无所据而空翻，从一至三，若旋风之离于地，已则手两圈而舞于空，比卓于地，项膝互挂之，以示其翻空时，身手足尚余闲也。唎喇者，捎拨数唱，谐杂以诨焉，鸣哀如诉也。筒子者，三筒在案，诸物械藏，示以空空，发藏满案，有鸽飞，有猴跃焉。已复藏于空，捷耳，非幻也。解数者，马之解二十有四，弹之解二十有四。马之解，人马并而驰，方驰，忽跃而上，立焉，倒卓焉，鬣悬，跃而左右焉，掷鞭忽下，拾而登焉，镫而腹藏焉，鞦而尾赘焉，观者岌岌，愁将落而践也。弹之解，凡空二三，及其坠而随弹之，叠碎也，置丸童顶，弹之碎矣，童不知也。踵丸，反身弹之，移踵则碎，人见其碎，不见其移也。两人相弹，丸适中遇而碎，非遇，是俱伤也。烟火者，鱼、鳖、凫、鹭形焉，燃而没且出于溪，屡出则爆，中乃其儿雏，众散，亦没且出，烟焰满溪也。是日，游人以万计，簇地三四里。浴佛、重午游也，亦如之。

清明日过高粱桥（二首）

[明] 朱茂晭

高粱河水碧湾环，半入青城半绕山。

风柳易斜摇河幔，岸花不断接禅关。

看场压处掉都卢，走马跳丸何事无？

那得丹青寻好手，清明别写上河图。

朱茂晭，明代人。

高粱桥

[清] 陆启浤

冬郊未经雪，残叶犹恋树。

山水入高粱，淙淙桥下度。

万物静相忘，豁然领奇悟。

及此见夙心，斜阳忽西暮。

陆启浤，生卒年不详，字叔度，浙江平湖人。明末清初人。有《贲趾山房集》等。

自高粱桥泛舟至西海即景杂咏

[清] 爱新觉罗·弘历

凤城北转石桥边，秋水澄泓可放船。

夹岸黍禾含宿雨，飐波芦荻拂晴烟。

溪风风恙布帆凉，摇曳轻舟过麦庄。

白露渐多霜尚早，晚红犹勒水花香。

出德胜门作

[清]樊樊山

高粱挟雨白波浑，堤草参差马啮痕。

长是官车来往地，萧萧杨柳国西门。

樊樊山（1846—1931），字嘉父，号云门，一号樊山，别号天琴老人，湖北恩施人。清代官员，文学家。有《樊山全集》。

高亮桥

横桥桃色代春愁，酒旆斜飘映碧流。

多年古迹成闲话，争奈英雄不肯休。

什刹海

　　什刹海曾是永定河故道。随着永定河河道逐渐向南摆动，至东汉以后，水流迁于蓟城以南。原经蓟城北的所谓"三海大河"故道遂废，后积存高梁河水，形成湖泊。金代时称为白莲潭；元代称海子、积水潭；明代称积水潭、后湖、莲花池、什刹海；清代，按水流方向，分别称为积水潭、什刹海后海和什刹海前海，什刹海前海筑堤，将什刹海前海分成两片水域。民国时，什刹海名称定型，按顺序称西海、后海、前海和西小海。

　　元水利科学家郭守敬引西山泉水入城，汇流积水潭，开凿通惠河，使积水潭成为大运河的漕运终点码头，繁盛一时。

北京运河积水潭港遗址纪念碑

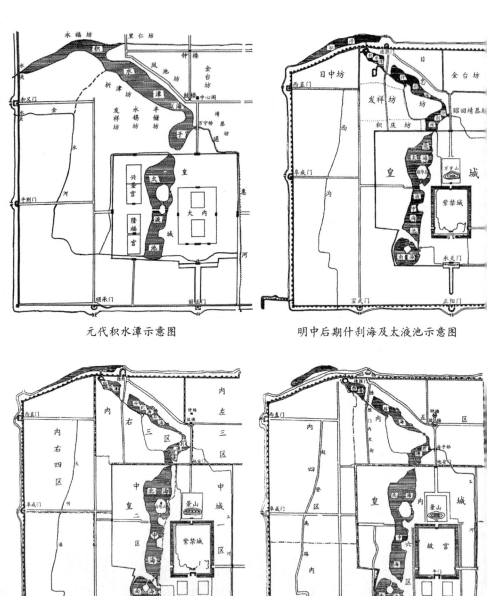

元代积水潭示意图　　　　　明中后期什刹海及太液池示意图

清末什刹海示意图　　　　　民国后期什刹海示意图

海子上即事

[元]赵孟頫

白水青山引兴多，红裙翠袖奈愁何！

只从暮醉兼朝醉，聊复长歌更短歌。

轻燕受风迎落絮，游鱼吹浪动新荷。

余杭溪上扁舟好，何日归休理钓蓑？

　　赵孟頫（1254—1322），字子昂，号松雪道人，又号水精宫道人，中年曾署孟俯。湖州（今属浙江）人。元初著名书画家。有《松雪斋集》。

京城春暮

[元]萨都剌

京城三月飞柳花，燕姬白马小红车。

旌旗日暖将军府，弦管春深宰相家。

小海银鱼吹细浪，层楼珠酒出红霞。

蹇驴破帽杜陵客，献赋归来日未斜。

　　萨都剌（约1307—1359后），字天锡，号直斋。徙居雁门（今山西代县）。元代文学家。有后人所辑《雁门集》《萨天锡诗集》《西湖十景词》等。

江城子·饮海子舟中

[元]许有壬

柳梢烟重滴春娇。傍天桥，住兰桡。吹暖香云，何处一声箫？天上广寒宫阙近，金晃朗，翠岩峣。

谁家花外酒旗高？故相招，尽飘摇。我正悠然，云水永今朝。休道斜街风物好，才去此，便尘嚣。

许有壬（1287—1364），字可用，汤阴（今属河南）人。延祐进士，元代文学家，工文辞。有《至正集》《圭塘小稿》。

风入松清明日湖上即事

[元]张翥

寻春春在凤城东，罗帕玉花骢。美人半鬋垂鞭袖，游尘远、目断云空。浅碧湖波雪涨，淡黄官柳烟蒙。

相如多病赋难工，宿酒更频中。归来自按新声谱，凭谁解、唱与东风。一夜小窗疏雨，杏花明日应红。

张翥（1287—1368），字仲举，号蜕庵，原籍晋宁襄陵（今山西襄汾西北），徙居杭州。元代文学家。有《蜕庵集》《蜕岩词》。

过海子观浴象

[元]宋褧

四蹄如柱鼻垂云，踏碎春泥乱水纹。
鸂鶒鸥鹭好风景，一时惊散不成群。

浴象图绘

望海潮　海子岸

[元]宋褧

　　山含烟素，波明霞绮，西风太液池头。马似游龙，车如流水，归人何暇夷犹。丛薄拥金沟。更萧萧宫树，调弄新秋。十里烟波，几双鸥鹭，两两渔舟。暮云楼阁深幽。正砧杵丁东，弦管啁啾。潺潺星河，荧荧灯火，一时清景难酬。马上试冥搜。填入者乡谱，摹写风流。明日重来柳下，携酒教名讴。

　　宋褧（1294—1346），字显夫，大都宛平（今北京）人。有《燕石集》。

海子诗

[元]傅若金

独步金河上，遥看碧海隅。

桥疑通月窟，船或到方壶。

鲛室寒休杼，龙宫夜出珠。

浮槎八月晚，应念客星孤。

傅若金（1303—1342），初字汝砺，江西新喻（今江西新余）人。曾任广州文学教授，有《傅与砺诗文集》。

送人上燕

[元]王冕

燕山三月风和柔，海子酒船如画楼。

丈夫固有四方志，壮年须作京华游。

京华名花大似斗，看花小儿竞奔走。

蒲萄潋滟金叵罗，羊尾驼峰腻人口。

知君慷慨非膏粱，生铜卧匣韬光芒。

出门一笑颇自许，光范不用投文章。

玉露红门天尺五，要为苍生说辛苦。

得时便觅好官归，行道当依圣明主。

我将细酿松花春，明年此时当迟君。

迟君不问宦途事，要知伊傅何如人。

王冕（1287—1359），字元章，号煮石山农、梅花屋主等，诸暨（今属浙江）人。元代诗人、画家。有《竹斋集》。

步屧海子旁

[元] 李穑

步屧随长堤，寻凉日将夕。

新荷映沦漪，幽芳吐丛薄。

隔岸好楼台，波间倒红壁。

主人游不归，庭草凝寒碧。

徘徊久瞻望，使我多感激。

李穑(1328—1396)，元代高丽诗人，元顺帝至正十四年(1354)
进士。

经海子

[明] 常伦

积水明人眼，蒹葭十里秋。

西风摇雉堞，晴日丽妆楼。

柳径斜通马，荷丛暗渡舟。

东邻如可问，早晚卜清幽。

常伦（1492—1525），字明卿，号楼居子。山西沁水人。正
德进士。明代散曲家、书画家。有《常评事集》《写情集》。

与王卢诸进士同游荷花池

[元]郭钰

遥遥去远浦,泛泛诉前川。

落日山水秀,轻风鸥鹭翻。

宾客恣欢笑,清吹杂哀弦。

雅志无越度,幽怀可尽宣。

九日集莲花池

[明]朱宗吉

秋风吹燕台,木叶落我前。

寒衣又砧杵,游子悲经年。

偶闻节重九,携酒向湖天。

渔歌操北音,水鸟闲自然。

澄波白日下,蒲柳寒已烟。

风色一何似,客归岂不贤。

游北城临水诸寺至德胜桥水轩

[明]袁宏道

西山去城三十里,紫巚青逻见湖底。

一泓寒水半庭莎,赚得白云到城里。

荛叶浓浓遮雉朵,野客登堂如登舸。

稻花水渍御池香,槐风阵阵官云凉。

一番热雨蹙波沸,穿檐扑屋生荷气。

乍时泼墨乍清澄，云容闪烁螭蛟戏。

帘波斜带水条烟，北窗雨后蔓清圆。

兑将数斗薏仁酒，赁取山光不用钱。

暮春游北门临水诸寺至德胜桥水轩待月

[明]袁宏道

一曲池台半蜿花，远山如髻隔层纱。

南人作客多亲水，北地无春不苦沙。

熟马惯行溪柳路，山僧解点密云茶。

满川澄月千条缕，踏踏苍波过几家。

莲花庵潭上夕饮

[明]于慎行

禅官遥倚北楼开，楼下平湖落照来。

金水环城全象汉，莲花涌寺宛成台。

诸香各捧空王座，一叶能浮太乙杯。

便是忘归归亦醉，夕阳清角莫相催。

题莲花庵水亭

[明]于慎行

西湖流入北城阴，小筑祇园切禁林。

阁上旃檀风细细，水边云树影沉沉。

天花晓落千门雨，仙梵寒飘万井砧。

咫尺青莲成净土，将因不染印禅心。

北闸

[明] 于慎行

西城别苑胜瀛洲，十里平湖静不流。

岸草离迷桥畔雨，宫槐隐映水边楼。

声传箫管三天近，香散芙蓉六月秋。

信道吾皇简游幸，石鲸飞处锁龙舟。

于慎行（1545—1607），字可远，更字无垢，号榖山，东阿（今山东东阿）人。明代文学家。有《榖城山馆文集》《读史漫录》。

十刹海

[明] 刘侗、于奕正

京师梵宇，莫十刹海若者。其供佛，不以金像广博、丹碧宇嶒嶒也，以课诵礼拜号称，以钟磬无远声，香灯无远烟光，必肃必忱，警人见闻，发人佛心。其供僧，不以精凿致恭、竹木致幽、童侍致容也，以单无偃僧，院无喧众，休恣不过伏腊，参静不过板，粥饭不过中。其洁除于龙华寺之前，方五十亩，室三十余间，比如号舍，木扉砖牖，佛殿亦分一僧舍，不更广也。其创作者，三藏师。师，陕人也，幼事遍融大师，终身一衲，终身未尝寝，多立少坐，危坐即其休卧时。主十刹海二十年，

20世纪50年代的什刹海

终未饭长住一颗，日出乞食，归立钟板侧。其乞也，持珠，佩一瓢，未饭仰之，既饭覆之。翁姬孺子见其瓢仰，曰："师未饭。"争饭之。不入人家，饭门外去。今一瓢、一数珠，犹挂庵中也。绅衿敬问，师直突语，如村师训教村童，不少回避。一宦眷作礼问，师喝曰："女子，夫朝贵人，念佛家中也得，何得出见僧人！那畔无家法在，者畔无佛法在，将回檀施去。"万历甲寅，师示寂，荼毗竟，一中贵言："苦行和尚，乃无舍利？"忽爆一粒，著其掌上。神宗时，帑施日出，师定规，止晨粥午饭。典作白言："米麦幸多，方便为十方念佛子，作朝时饭。"师曰："米多不饱，米少不散。"后神宗升遐，帑施不出，方僧他寺散略尽，而此十方给仍前也。京师梵宇，莫十刹海若者。

水关

[明]刘侗、于奕正

京城外之西堤、海淀，天涯水也。皇城内之太液池，天上水也。游，则莫便水关。志有之，曰积水潭，曰海子，盖志名，而游人不之名。游人诗有之，曰北湖，盖诗人名而土人不之名。土人曰净业寺，曰德胜桥，水一方耳。土人曰莲花池，水一时耳。盖不该不备，不可以其名名。土人曰水关，是水所从入城之关也。玉河桥水亦关矣，而人不之名，是水所从出城之关也。或原焉，其委焉者举之。水一道入关，而方广即三四里，其深矣，鱼之，其浅矣，莲之，菱芡之，即不莲且菱也，水则自蒲苇之，水之才也。北水多卤，而关以入者甘，水鸟盛集焉。沿水而刹者、墅者、亭者，因水也，水亦因之。梵各钟磬，亭墅各声歌，而致乃在遥见遥闻，隔水相赏。立净业寺门，目存水南。坐太师圃、晾马厂、镜园、莲花庵、刘茂才园，目存水北。东望之，方园也，宜夕。西望之，漫园、湜园、杨园、王园也，望西山，宜朝。深深之太平庵、虾菜亭、莲花社，远远之金刚寺、兴德寺，或辞众眺，或谢群游矣。岁初伏日，御马监内监，旗帜鼓吹，导御马数百，洗水次。岁盛夏，莲始华，晏赏尽园亭，虽莲香所不至，亦席，亦歌声。岁中元夜，盂兰会，寺寺僧集，放灯莲花中，谓灯花，谓花灯。酒人水嬉，缚烟火，作凫雁龟鱼，水火激射，至菱花焦叶。是夕，梵呗鼓铙，与宴歌弦管，

沉沉昧旦。水，秋稍闲，然芦苇天，菱芡岁，诗社交于
水亭。冬水坚冻，一人挽木小兜，驱如衢，曰冰床。雪后，
集十余床，垆分尊合，月在雪，雪在冰。西湖春，秦淮
夏，洞庭秋，东南人自谢未曾有也。东岸有桥，曰海子桥，
曰月桥，曰三座桥。桥南北之稻田，倍于关东南之水面。

水关竹枝词

[清] 高珩

酒家亭畔唤渔船，万顷玻璃万倾天。

便欲过溪东渡去，笙歌直到鼓楼前。

高珩(1612—1697)，字念东，号紫霞道人。山东淄川人。有《荒
政考略》《四勉堂笺刻》《栖云阁诗文集》等。

西水关——什刹海北端进水口

元日过积水潭

[清]法式善

年年骑马踏京尘，谁识风潭自有春。

岸雪消融溪水活，我来又作看花人。

法式善(1752—1813)，字开文，号时帆，又号梧门。乾隆进士，清代学者。有《清秘述闻》《槐厅载笔》等。

什刹海

[清]李静山

柳塘莲蒲路迢迢，小酣浑然溽暑消。

十里藕花香不断，晚风吹过步量桥。

十刹海

[清]释修懿

十刹海非刹，凝然古德风。

市居岩壑里，门向水田东。

耆宿推三藏，师资事遍融。

乞随瓢偃仰，立俨岳衡嵩。

听法俱高衲，执巾无侍童。

直言等贵贱，醒语破愚蒙。

僧不骄恩帑，佛宁藉像工。

平平数椽屋，密密六时功。

哀悯西山寺，游观额大雄。

释修懿，生平不详。

什刹海

榴花结子柳飞棉，不断蝉声六月天。

消夏何如什刹海，红菱雪藕不论钱。

什刹海

消暑都人什刹夸，澄波万顷尽荷花。

会贤堂上笙歌里，多少王孙忘返家。

什刹海

什刹海

积水潭

弱柳清流绕古邱，红墙小寺景偏幽。

拂拭残碑宸翰在，沧桑谁起故园愁。

万宁桥

万宁桥，又称后门桥、地安桥、海子桥，位于地安门外，坐落于北京城中轴线上。桥始建于元世祖至元二十二年（1285），因桥在地安门之北，地安门为皇城的后门，因此称为后门桥。《日下旧闻考》卷五十四引《析津志》："万宁桥，在玄武池东，名澄清闸。至元中建，在海子东。至元后复用石重修。虽更名万宁，人惟以海子桥名之。"

万宁桥地处通惠河北端，是当时水陆交通的要道。千帆云集，竟日不息。

如今，万宁桥以西建有金锭桥，而澄清闸已无存，仅留有遗址。2000 年，破坏严重的石桥得以修复，疏浚了河道，恢复了碧水过桥的景观。

《长安客话》："海子南岸旧有海子桥，亦名越桥。俗呼三座桥。"

送人

[元]杨载

金沟河上始通流，海子桥边系客舟。

此去江南春水涨，拍天波浪泛轻鸥。

万宁桥

杨载（1271—1323），字仲弘，浦城（今属福建）人。延祐进士。元代诗人。有《杨仲弘集》。

海子上即事

[元]卢亘

驰道尘香散玉珂，彤楼花暗弄云和。

光风已转瀛洲草，细雨微添太液波。

月榭管弦催曙发，水亭帘幕受寒多。

少年易动伤春感，唤取青霞对酒歌。

卢亘（1274—1314），字彦威，濮阳（今属河南）人。

海子桥

[元]马祖常

朝马秋尘急，天潢晓镜舒。

影圆云度鸟，波静藻依鱼。

石栈通星汉，银河落水渠。

无人洗寒露，为我媚芙蕖。

海子

[元]宋本

渡桥西望似江乡，隔岸楼台罨画妆。

十顷玻璃秋影碧，照人骑马入宫墙。

宋本(1281—1334)，字诚夫。大都(今北京)人。元代文学家。有《至治集》《大都杂咏》。

澄清闸

[元]焦景山

六丁竭力用工夫，不用长虹枕海隅。

石齿冷涵云迹润，树头寒桂月轮孤。

嘶风宝马踏晴雪，出蛰苍龙戏贝珠。

伫立细看今日事，临邛未遂马相如。

焦景山，生卒年不详，字义甫。元代人。

壬子秋过故宫

[明]宋讷

黄叶西风海子桥，桥头行客吊前朝。

凤凰城改佳游歇，龙虎台荒王气消。

十六天魔金屋贮，八千霜塞玉鞭摇。

不知亡国卢沟水，依旧东风接海潮。

宋讷（1311—1390），字仲敏，号西隐。元末明初滑县（今属河南）人。

燕山春暮

[明]张羽

金水桥边蜀鸟啼，玉泉山下柳花飞。

江南江北三千里，愁绝春归客未归。

张羽（1333—1385），字来仪，更字附凤，号盈川，浔阳（今江西九江）人，后移居吴兴（今浙江湖州），与高启、杨基、徐贲并称为"吴中四杰"。元末明初诗人。有《静居集》。

越桥

[明]胡俨

浩荡东风海子桥，马蹄轻蹴软尘飘。

一川春水冰初泮，万古西山翠不消。

何处小车联绣幰，谁家华馆拥金貂。

广寒宫阙红云近，时有天香下碧霄。

胡俨（1361—1443），字若思，江西南昌人。明洪武年间举人。有《颐庵文选》《胡氏杂说》。

海子桥

[明] 曾棨

鲸海遥通一水长，沧波深处石为梁。

平铺碧甃连驰道，倒泻银河入苑墙。

晴绿乍添垂柳色，春流时泛落花香。

微茫迥隔蓬莱岛，不放飞尘入建章。

曾棨（1372—1432），字子棨，号西墅，江西永丰人。明永乐二年（1404）状元，人称"江西才子"。工书法。参与编纂《永乐大典》。

万宁桥上的镇水兽

净业寺

《宸垣识略》:"净业寺,从德胜门西,循城下行,经转得此寺。昔为智光寺之基,有明宣德六年钟一。东有轩二楹,可坐。前旧作厂棚,列席浮尊,宴饮殊适,今废。湖上有鱼藕监。"

《燕都游览志》:"积水潭东西亘二里余,南北半之。或因内多植莲,名莲花池。或因水阳有净业寺,名净业湖。"

九日集净业寺湖上

[明] 刘应秋

芰荷池上远鸿飞,望处西山翠不微。

白鹤仙人频换酒,青莲释子为开扉。

坐依绿树悬萝影,闲看青涛映草扉。

日暮笙歌双阙霭,太平天子正垂衣。

刘应秋(1547—1620),字士和。江西吉水人。授翰林院编修。

集净业寺水次,再过十方庵看荷花,因宿其中

[明] 钟惺

如此匆匆际,禅栖肯再来。

曾无三日隔，又见数花开。

童负桃笙至，僧笼菜甲回。

出门拚一宿，无复候人催。

每忆经行处，重游胜昔游。

往来能渐熟，耳目自多幽。

水气穷昏旦，林声阅夏秋。

晚花不无意，客散独相留。

钟惺（1574—1625），字伯敬，号退谷，湖广竟陵（今湖北天门）人。万历三十八年（1610）进士。明代文学家。有《唐诗归》《古诗归》。

游净业寺（四首）

[明] 刘荣嗣

尘事溪边净，游思雨后浓。

于君欢识面，久我想临风。

树影移残席，荷香度远空。

飞栖俱不系，暂此失樊笼。

溪过人人影，林开事事幽。

萍光分酒绿，波色与云浮。

礼设非因我，机空亦有鸥。

如何相约久，今日始同游。

所快清吾友，寻同水一窝。

鸟鸣相竞杂，酒政未妨苛。

眼耳忽空阔，须眉总笑歌。

归逢雷雨逼，其奈夕阳何

小楼帘箔影，密共柳丝垂。

若得舟行处，何当月上时。

水明疑未夜，山远略如眉。

便可投竿隐，毋忘渔父期。

刘荣嗣（1570—1638），字敬仲，号简斋，别号半舫。曲周（今河北邯郸曲周）人。明代水利专家、著名诗人、书画家。

净业寺看莲

[明] 刘效祖

杖履吾何适，逢僧曲水边。

三乘开宝地，六月涌金莲。

雨过尘心净，风来爽气偏。

浮生闲自惜，不是为逃禅。

刘效祖，生卒年不详，字仲修，号念庵，滨州（今山东滨州）人，寓居宛平（今属北京）。明代散曲家。

夜宿净业寺

［明］朱国祚

僧楼佛火漾空潭，德胜桥西积水含。

一夜朔风吹树杪，蓟门飞雨遍城南。

朱国祚（1559—1624），字兆隆，号养淳。浙江嘉兴秀水（今浙江嘉兴）人。明万历年间进士。有《介石斋集》。

秋集净业寺湖上

［明］顾起元

昨夜微霜下玉河，垂杨几叶著澄波。

风传清磬双林近，月冷疏砧万户多。

青饭乍分天女供，红牙徐按雪儿歌。

佳辰好友湖亭集，岂忍新秋酒漫过。

德胜门净业寺看水

［明］袁中道

南人得水便忘忧，两日三番水际游。

花露沾衣浓似雨，潭风著面冷如秋。

拖莎带荇流何急？掷雁抛凫浪未休。

天外画桥桥上柳，只疑身在望湖楼。

集净业寺湖亭（二首）

[明]戴九玄

湖月林风谁是主，叉鱼踏藕自留宾。

频寻柳色城边路，独占秋光醉里身。

败叶疑鸥浮渐远，老僧如鹤瘦堪亲。

邻家亭子终年闭，不教芦花笑杀人

湖上濠边秋色深，蓼花芦叶共萧森。

平潭树逐波光动，隔岸林连夕照阴。

鸥梦乍惊邻寺磬，鸿声欲度满城砧。

凉风莫更翻荷露，客袂飔飔恐不禁。

戴九玄，生卒年不详，明万历四十二年（1614）任文安（今河北廊坊文安）县丞。

净业寺看荷花

[清]朱彝尊

香刹缘堤转，官桥信水流。

绿云千万顷，不见采莲舟。

净业寺看荷

高士奇

僧舍无人满绿苔，新荷一顷雨中开。

寺前多少冲泥客，谁为看花趁晓来？

高士奇（1645—1703），字澹人，号江村。钱塘（今浙江杭州）人。清代诗人、书画鉴赏家。有《金鳌退食笔记》。

净业寿荷

[清]完颜麟庆

净业湖在德胜门西，即积水潭，以北岸净业寺得名。其南岸土阜隆然，有华陀庙建于上，俗名高庙。面临曲巷，背枕全湖，寺僧裕泉近于庙后购隙地，茑广榭，缭以短垣，洞启北窗，城楼山寺，俨然图画。而薰风入户，荷香袭人，尤宜于长夏。癸卯六月，那眉峰（名峨，满洲人，己巳同榜进士，官道员）、玉峰（名昆，眉峰弟，官监督）、昆季、李祝庵（名三福，汉军，举人，官知县）、恒信庵（名荣，汉军人，官织造）、钟秀峰（名灵，汉军人，官监政）、招余洗尘于此，作竟日欢。晓至，见接天莲叶，向日荷花，镜槛涵青，帘旌分绿。茶罢，沿堤缓步至汇通祠。按祠明永乐时，少师姚广孝、司礼监刚丙奉诏建，原称镇水观音庵。我朝乾隆二十六年重修，改名汇通祠，御书殿额曰潮音普觉。静听祠后水声淙淙，恍然有悟。循墙北转，见立石高五尺许，曾叠如云，承以石盘，高处镌一鸡、一狮，不可解。下坡置石螭一，迎水倒喷，既翕复吐。对岸即水关，其水汇西山一亩、马眼诸泉，经高梁桥，穴城址而入，为都城水源来路。故立关为之限，俗名铁棂闸。则以闸口密置铁棂，防人出入，

《净业寿荷》图记

仍无碍于行水也。问米仲诏太仆漫园，刘百世茂才镜园，
苗君颖太守湜园，均不可得。乃至净业寺而返。列席浮
尊，午饮殊适。是日为二十四，正荷花生日，因赋一律
曰：朝衫脱却得清闲，良友相邀到此间。一片湖光依北
郭，十分爽气借西山。同浮大白拚先醉，静袭香红俨闭
关。好祝花中君子寿，称觥相对共开颜。

汇通祠

在什刹海西海西北小岛上。始建于明永乐年间，旧称法华寺，又称镇水观音庵。清乾隆二十六年（1761）重修，改名为汇通祠。

《高宗纯皇帝御制汇通祠诗》注："河流分闸灌输，纡余潴蓄，前人经理实善，旗民夹岸而居，人烟辐辏，因筑墙为之限制，以禁污秽。案：积水潭亦称北湖，互详水道。元明以来，环湖古迹甚多，附著于后。"

《燕都游览志》："旧城岿然杰构，云是元时旧址。中作铁沟，昔时以车运冰上流者，今尚坚致。寒藓荒苔，遥映林泉翠茜，殊可凭高吊古。"

《宸垣识略》："积水潭上有镇水观音庵，明永乐间建。本朝乾隆二十六年改建，赐名汇通祠，有御制诗碑暨御书额。"

汇通祠诗

[清] 爱新觉罗·弘历

潴蓄长流济大通，澄潭积水映遥空。

为关溯涧应垂制，因葺崇祠喜毕工。

海寺月桥率难考，灯船歌馆漫教同。

纪吟权当留碑记，殷鉴恒深惕若衷。

瞻礼一律

[清]爱新觉罗·弘历

辛巳疏通潭积水,逮今廿五阅流年。

不无淤壅应浚沼,有籍蓄潴利运川。

广陌纡临视工毕,灵祠礼谒意祈雯。

行云施雨青神惠,愿溥甘膏渥大田。

积水潭即景诗三绝句

[清]爱新觉罗·弘历

积水苍池蓄众流,节宣形胜巩皇州。

疏淤导顺植桃柳,三里长溪可进舟。

一座湖亭倚大堤,两边水自别高低。

片时济胜浮烟舫,春树人家望转迷。

烟中遥见庙垣红,瞬息灵祠抵汇通。

雨意溟濛犹未止,出郊即看麦苗芃。

重修汇通祠记

[现代]吴良镛

元大都建城聚西北诸泉水,流行入都而汇于积水潭。明初改筑京城,在德胜门西置水关,下置石螭。迎水倒喷,并堆土为岛,水从两旁入潭,上置镇水观音庵。乾隆时改建名汇通祠。此处远映西山，南临清波，象征水自山出，归入翰海，水声淙淙，若海潮音，仅此一端，亦可窥都城规划者之匠心。近至五六十年代，修筑地铁，全岛夷平。十余年后，清华大学建筑系有修复议，得市区政府与专家之积极支持，建筑格局参照旧貌，用为都城规划者郭守敬纪念馆。地面、地下建楼房，外覆土石，以广利用，仍置石螭，重兴流水，并寻得旧碑，立亭护之。历数年工将成，蔚为大观，颇为赞赏。北京古都文物因建设发展拆毁不少，无须一一修复，但择其要者，因旧创新，古为今用，虽属新构，略窥文脉。都市发展日新，此城市历史发展之标志得以永存，辟为景点，以利游憩，亦胜事也，此亦汇通祠修复意义所在，是为记。

吴良镛，1922 年生于南京。中国科学院和中国工程院两院院士，中国建筑学家、城乡规划学家和教育家，人居环境科学的创建者。

汇通祠鸟瞰

玉河（什刹海—大通桥）

　　玉河原是元代通惠河城内部分，由郭守敬于元至元三十年（1293）修建完成，主要用于漕运。明建城时将其划入皇城内。漕船只能到东便门外的大通桥。玉河从积水潭东岸的万宁桥（今地安桥）东南行经东不压桥入皇城，沿火药局南墙东流，到皇城东墙沿内侧南下，经北河沿、南河沿，过长安街，出正阳门东水馆，进入今前三门护城河，向东入通惠河。玉河是由北面南穿北京城中心区的一条河道。

玉 河

　　玉河，即御河，是一条历史悠久的古河，原本是元代开凿的通惠河位于宫城东侧的一段河道。

　　元代时将玉河称为通惠河。通惠河起自瓮山泊（昆明湖），汇入积水潭，过地安门，东南折经东不压桥、东板桥，沿北河沿大街南下。然后东行至通州与北运河相接。沿途设有 11 座闸，其中位于地安门的是澄清闸。明永乐年间改建皇城墙时，将元代萧墙东移、南城墙向南扩展，开辟自御河桥直向南的水关，入南护城河转东注入大通桥的通惠河。泡子河即废。后又移建皇城东墙于河东，将东不压桥到御河段的河道包围在皇城内，从此船只不再入城，而是停泊在城东南大通桥处。玉河从积水潭东岸的万宁桥东南行经东不压桥入皇城，沿火药局南墙东流，到皇城东墙沿内侧南下，经北河沿、南河沿，过长安街，出正阳门东水馆，

1900年的玉河

进入今前三门护城河，向东入通惠河。玉河是由北面南穿北京城中心区的一条河道。河两侧多为朝廷各部院府和贵戚官僚宅邸。从长安街至东城墙根有3座御河桥。河两岸广植树木，垂丝水面，风景秀丽。

据《明清北京城图》所绘：从什刹海来的水，经东不压桥流入皇城，向南出皇城后，不向东南流，而直向南，经今正义路过中御河桥、南御河桥入南濠（前三门护城河），全长4.8公里。它是积水潭、什刹海排水的尾闾，进德胜门水关之水，可由玉河排泄，是城区中部、北部的排水主干渠，最受重视，直至清代。

玉河上的万宁桥是北京城内最早的（建于元代）石桥。玉河南流即经过东不压桥。玉河上曾建有一座亭桥，亭桥是桥与建筑的组合，造型别致，史书上称之为"骑河楼桥"，即今骑河楼胡同的位置。

玉河在北河沿中段西岸冲出一片沙滩，因而有了"沙滩后街""沙滩巷"等地名。在沙滩东南，有"银闸胡同"，这里曾是元朝御水河故道，为了调节因地势形成的水势落差，在河上设有多处水闸。据《燕京访古录》载，这里地下埋有银制水闸一座，梁长4尺8寸，宽5寸，厚3寸，柱高3尺，并镌有"银闸"二字和"大元元统癸酉秋奉旨铸银闸一座"等小字。

玉河两岸还是过去北京人游玩的好地方，每到夏季炎热时，到玉河边来消暑纳凉的人来往不绝。现在南河沿迤西的"磁器库""缎库""灯笼库"等胡同名称，便是过去漕运痕迹的遗留。

到了民国年间，由于水量日趋减少，玉河自南往北逐步改成暗沟。玉河沿线环境日益恶劣。

中华人民共和国成立后，1951 年开始全线疏浚玉河。1953 年修建四海下水道，玉河在东不压桥外被截断，留有直径 50 厘米的倒虹吸管，用作什刹海放水冲刷下游河道。

2000 年，为保护与北京城历史沿革密切相关的河湖水系，结合万宁桥（后门桥）保护，恢复了玉河起端河道，多年破败的万宁桥恢复了昔日神采。

2009 年，玉河历史文化保护工程开工。重新亮相的玉河北段水道严格按古河道走向重新修复，自万宁桥起，到东不压桥止，全长 480 米，平均宽 18 米，水深 1 米左右。河堤还修建了水榭、曲桥、船行栈道和 4 个挑台等。

御沟春日偶成

[元]马祖常

御沟春水晓潺潺，直似长虹曲似环。

流入宫墙才咫尺，便分天上与人间。

玉河桥晓行

[明]蔡羽

太液新波出建章，辘轳声近想宫墙。

残星拂树天桥净，隔岸啼莺禁御长。

紫气凝香开北极，苍龙乘日起东方。

君王垂拱临朝早，银烛光中散鹭行。

蔡羽（?—1541），字九逵，自号林屋山人，又称左虚子、消夏居士。南直隶苏州府吴县（今属江苏苏州）人，明代文学家。有《林屋集》。

玉河

[明]游潜

玉河清浅晓粼粼，绿漾平沙柳色新。

两岸楼台春似画，紫骝风滚落花尘。

游潜，生卒年不详，字用之，号几山，丰城（今江西丰城）人。弘治十四年（1501）举人。明代诗人。有《梦蕉存稿》《梦蕉诗话》《博物志补》等。

玉河艳曲

[明]何景明

御沟连上苑，大道接平沙。

紫陌三千骑，青楼十万家。

城中杨柳树，风起暮飞花。

玉河新柳

[明]王家屏

水绕沙堤曲，桥看御柳眠。

柔条轻着雨，嫩叶暗抽烟。

影落澄波细，阴垂画槛偏。

亭亭依汉苑，迟日待莺迁。

王家屏（1535—1603），字忠伯，号对南，山阴河阳堡（今山西朔州山阴）人。有《王文端公集》《复宿山房集》等。

玉河柳

[明]郭正域

盈盈金缕绕瑶宫，不似新裁自永丰。

带雨远笼长信影，飞花乱点上林红。

轻翻绿浪濯晴日，漫舞纤腰眠晚风。

半拂宫墙半在水，无情有态两朦胧。

郭正域（1554—1612），字美命，江夏（今湖北武昌）人。明代政治家。万历十一年（1583）进士，授编修，历礼部侍郎。有《批点考工记》。

泛舟玉河至静明园（三首）

[清]爱新觉罗·弘历

玉带长桥接玉河，雨余拍岸水增波。

静明园古林泉秀，便趁清闲一晌过。

两旁溪町夹长川，稚稻抽秧千亩全。

意寄怀新成七字，绿香云里放红船。

吴越曾经风物探，每教位置学江南。

请看耕织图中趣，一例豳风镜里涵。

由玉河泛舟至万寿山清漪园

[清]爱新觉罗·弘历

玉泉舟下玉河通，日丽风和波不雄。

芷白蒲青景有望，鸢飞鱼跃兴无穷。

清漪水色从新秀，万寿山光即渐融。

行不须臾吟数首，裴家构思或相同。

玉河书见

[清]樊樊山

玉河桥上玉骢鸣，行到楼前更不行。

定自不关垂柳事，远山眉黛不胜情。

玉河

通惠河（大通桥—通州）

《长安客话·通惠河》："元至元间，丞相完泽倡议导昌平白浮诸泉为渠，贯京城，迤逦出南水门，抵通州高丽庄，以便漕运。自是免都民陆挽之劳。世祖自上都还，见舳舻蔽水，大悦，赐名通惠。"

元世祖至元三十年（1293）秋，由郭守敬主持修建的、连接元大都至通州的漕运要道开通。由江南通过运河或海船运送的粮食财物，能够顺利直达京城，大都城的用水问题得以解决。当年，忽必烈从上都（今内蒙古正蓝旗）返回大都，路过积水潭，看到"舳舻蔽水"的盛况，十分高兴，赐名积水潭至通州的漕运河道为"通惠河"。

朱棣定都北京后，改建都城，将南城墙向南扩展了二里，文明闸至惠和闸段的通惠河包入城中。同时，昌平帝陵的修建使得白浮泉水不再被引入瓮山泊，导致通惠河水源不足。宣德年间（1426—1435），皇城北墙、东墙又向外扩展，将相邻的通惠河段圈入皇城，船只无法驶入积水潭码头。

明正统三年（1438），通惠河以东便门外大通桥作为新起点。此后，通惠河即指大通桥至张家湾段，也称为大通河。

大通桥

《宸垣识略》："大通桥在东便门外，东至通州，入白河，开渠置闸，而漕舟不行。自大通桥起，至通州石坝计四十里，地势高下四丈，中间设庆丰等五闸以蓄水，每闸各设官吏、编夫一百八十名，造剥船三百只。大通河旧名通惠河，元郭守敬所凿，俗亦名里漕河。本朝康熙、乾隆间，屡加疏浚，漕艘之分运京仓者，实利赖焉。"

清代后期，河道淤塞，大通桥码头的作用丧失。

大通桥见证了明、清两个朝代相当一段时间里漕运繁荣的景象。1957年，东便门这段城墙被拆除，20世纪60年代末修建地铁时，大通桥被彻底拆除。

大通桥旧貌

夏初黄无净邀同项玄池诸友及家伯修泛舟大通桥

[明] 袁宏道

京师百戏都，所少唯舟筏。

御水落漕渠，淙淙流一发。

凡目未经先，虽少亦奇绝。

何况集棠舟，游遨似吴越。

荄蒲得水长，凫鸯避沙热。

朱碧好亭子，稀疏出林樾。

双航无定质，随波作周折。

遇树即停帆，因风或舟楫。

闸水高十仞，百斛量琳屑。

骏马下危坡，疾雷震空碣。

西门亦有水，宽丈深寸尺。

计较今昔游，居然分胜劣。

长跪谢主人，举酒旌劳伐。

朝日照来骑，归途见微月。

泛大通桥记

[清] 吴锡麒

大通桥，跨通惠河之上，河之东设五闸焉。转输之利便，息乎赪肩；明瑟之涵，漪醒于尘目，给谏王君（友亮），雅思陶写，夙戒朋侪。双瓶盛酒，络以青丝。小舟受人，张之乌幔。晓光始登，驰轮毕至。人皆旧雨，树有新烟。舻牙启吟，波纹成画。遂离曲岸，放乎中流。草借梦中之春，柳分衫上之碧。鱼鱼同队，瞥若欲飞，鸭鸭呼名，雪然不杂。间聆绵羽，惜无冶花。衔尾之船，转漕而进。驴用代步，翻以曳牵。时苦甚旱，麦苗微微，未足没雉。春谷不登，监河之粟，恐难遍贷也。天为催诗，云起先黑，余寒脱树，半上人衣，好风掠波，兼堕雨脚。久渴之余，虽蓬首如沐，亦复快然。抵庆丰闸，飞沫跳珠，悬流飒雪。迅响一跌，如闻雷声。而雨势渐浓，不可久驻。主人促名肴于后舫，斟玉醴于深杯；精逾炼珍，醇可引口。归缆即解，薄霁亦生，林滴摇乎夕阳，树翠

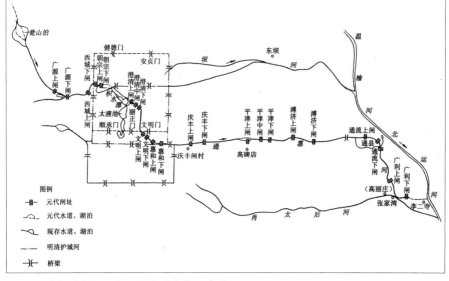

元代通惠河二十四闸位置分布示意图

泼于酒面，献酬交错，以永今朝。浩浩乎！乐在其中也。

夫吾人生居烟水之区，长熟江湖之味。鸥凫往狎，桂笋来寻；叠舸延风，单舟溯月；莫不莹发灵瞩，冥契神襟。斯地少竹石之欢，乏亭台之胜，平流四五尺，杂木两三行。览者流连，游者容与。固知意玩于所易，情钟于所希。此鲦鲥胠沙而思，枯鱼过河而泣，古人所由兴感也。

昔田山姜侍郎，号召宾客，涂饰风流，作《大通秋泛图》，百有余年，遗芬犹扇。今者之会，何减曩时。则地以人传，固将不朽；不有所述，后嗣何观？于是罗子两峰，任其绘事。群公各赋新诗，决决之鸣，飞清于目表，蓬蓬之状，溢秀于毫端。余加以引申，作为斯记。时甲寅清明后一日。

吴锡麒（1746—1818），字圣征，号榖人。钱塘（今浙江杭州）人。清代文学家。乾隆四十年（1775）进士。

泛通河记

[清] 梅曾亮

道光十六年七月，与友人泛舟通河，樯帆始移，旷若天外，波云水鸥，万景毕纳。自二闸至三闸，不三四里，而茶村酒社，断傍葭苇之中。舟人缓桡安波，悠然无穷，攀林而休，披草而坐，舟步相代，穷日乃返。

梅曾亮（1786—1856），字伯言，号葛君，江苏上元（今江苏南京）人。清代散文家。

庆丰闸（二闸）

庆丰闸为郭守敬于元至元二十九年（1292）建。《水部备考》载："庆丰闸在都城东王家庄，至大通桥八里，至元二十九年建，有上下二木闸，名籍东，至顺元年易以石，改名庆丰，嘉靖七年并二闸为一。"

庆丰闸不仅是元代时重要的水利建筑，而且和什刹海、陶然亭、万柳堂（龙潭湖南）、玉渊潭（钓鱼台）、长河等处一样，都是古时平民百姓踏青游玩的地方，也是文人墨客聚会之所。因通惠河两岸风景秀丽，特别是庆丰闸一带，芦苇白萍、渔笛晚舟，不仅有飞泉石坝、震耳奔涛，而且两岸还有荒祠古墓、台亭园囿，京杭船只多停于此。关于庆丰闸的繁华，古时文人在诗文中多有描述。清震钧在《天咫偶闻》中写道："青帘画舫，酒肆歌台，令人疑在秦淮河上。"所以通惠河自古就有"北方秦淮"之称。

《天咫偶闻》："二闸，即庆丰闸也。其水上源城河，下接通州白河。水不甚广，而船最多，皆粮艘、剥船也。由京至通，来往相属，行人亦赖之。冬月则有拖床，冰行尤便。"

一直到清代同治、光绪年间，庆丰闸仍是游人荟萃之所。光绪末年，漕运废弃，河道残破，庆丰闸风光也日渐衰落了。

1998 年，庆丰闸遗址得以修复。通惠河南岸修建的庆丰公园，已向游人开放。

澄清闸双清亭作

[元]宋褧

帝城何处不红尘？小海危亭独可人。
笒箷舟航浮上闸，笙歌池馆接西津。
恩波浴鹭连洲暖，官树啼莺隔岸春。
不用鞭笞了官事，笑谈容得幕中宾。

改修庆丰石闸记

[元] 宋褧

闸于字，为闭城门具。或曰以版有所蔽。近代水监官厨之，以时蓄泄，因水行舟。

世祖皇帝至元二十有九年，前昭文馆大学士知大夫院领都水监事臣郭守敬，图水利奏，昌平之白浮村，导神山泉西山水，合马眼泉诸水为渠，曰通惠河。贯京城，迤逦出南水门，过通州，抵高丽庄之闸，为里二百。视地形创为闸，附岸壁及底皆用木，凡二十四，庆丰其一也。

后二十年，当至大四年，诸闸浸腐，宰相请以石易，为万世利。且请度缓急后先作，则工不迫，工不迫则周且固。仁庙敕准，有司以次第举。由是，至顺元年始及庆丰，遂役。都水少监王温臣率其属，分督程作，董役士卒暨土木金石之工，集有五百五十，输木万章，铁以钧计，凡八百有奇。石材三千二百，瓴甓灰蕙他物无算。筑其纵长百二十尺，三分长之二为衡广，高二丈，洞容二丈二尺。经始于是年三月之望，粤六月十五日告成。绳矩中度，完好致密，公私善之。

明年春，监丞阿礼、张宗颜，述是役之为日久近，闸之乔卑长广，靡费物料几何，创始改作之绪，及工之勤，利之美，求识以文。予复之曰：此世祖开物，成务群策毕举也。仁庙克成先烈，措注宏远，功不百倍不改作也。臣下莫不奉行惟谨，此事理之著者也。记是诚宜，然予疑是闸之始命名，为役与创始之岁果丰欤？或示微意于后世欤？惜莫可得而知何也。闸非事游观，盖经营国计，民俯仰以给者，犹必待岁丰而后作，矧他役乎！抑果作于丰年，则后不敢妄兴，民不敢苟劳，财不敢徒费，章章矣。

因其役并原其名，是为记。

庆丰闸闲步

[清] 田雯

村口人家浅，为园傍野塘。

疏泉畦水细，铺地芥花香。

斜缆穿堤柳，饥鸟上钓床。

北方宜种秫，亦插稻田秧。

田雯（1635—1704），字紫纶，一字子纶，亦字纶霞，号漪亭，自号山姜子，晚号蒙斋。山东德州人。清初诗人。有《山姜诗选》《古欢堂集》《黔书》《长河志籍考》等。

庆丰闸

[清] 陈豫朋

都亭转储糈，要津此其次。

役徒属专曹，蓄池重委寄。

鸡犬喧花蒿，钟鱼出柳寺。

掩映园中亭，参差河畔芰。

岁功祈稔秋，水嬉盛歌吹。

陈豫朋，生卒年不详，康熙三十三年（1694）甲戌科进士，泽州府阳城（今山西晋城阳城）人。

二闸迟敬亭不至

〔清〕爱新觉罗·敦敏

临风一棹趁扁舟，芦岸村帘分外幽。

满耳涛声流不尽，夕阳独立小桥头。

庆丰闸酒楼和壁间韵

〔清〕爱新觉罗·敦敏

古渡明斜照，渔人争集先。

土堤崩积雨，石坝响飞泉。

烟破来孤艇，林深隐数椽。

村垆更清雅，芦外酒帘悬。

咏庆丰闸流水

〔清〕爱新觉罗·敦敏

石坝束流急，奔涛素练长。

寒飞千尺雪，白挂一帘霜。

喷雨珠还迸，悬秋月倍凉。

滔滔惊逝水，渔笛满沧浪。

河干集饮题壁兼吊雪芹

[清]爱新觉罗·敦敏

花明两岸柳霏微，到眼风光春欲归。

逝水不留诗客杳，登楼空忆酒徒非。

河干万木飘残雪，村落千家带远晖。

凭吊无端频怅望，寒林萧寺暮鸦飞。

注：楼为望东楼。敦敏是曹雪芹的好友，二人常在望东楼上饮酒、赋诗、题壁。

爱新觉罗·敦敏（1729—1796？），字子明，号懋斋。满族人。有《懋斋诗钞》。

二闸修禊

[清]完颜麟庆

……其二闸一带，清流萦碧，杂树连青，间以公主山林，颇饶逸致，以故，春秋佳日，都人士每往游焉……于是或泛小舟，或循曲岸，或流觞而列坐水次，或踏青而径入山林。日永风和，川晴野媚，觉高情爽气，各任其天……

二闸泛舟

[清]续耻庵

蓼汀芦溆近秋初，镇日拿舟乐有余。

吊古有谁寻鹿苑，游人只道柳莲居。

《鸿雪因缘图记》中的《二闸修禊图》

巍巍华表矗云衢，贵主陵园与众殊。

翁仲有知悲不语，昔年光景似今无。

海侯坟上草离离，为问游人那得知。

丰功不及灵官庙，盲女犹歌绝妙词。

内漕河水东复东，野艇随波夕照中。

试向苇间暂停泊，濯缨亭上吊三忠。

越河寺前芦荻秋，太平仓外米船收。

中流一舸轻于叶，载得吾曹尔许愁。

二闸

［清］震钧

　　都城昆明湖、长河，例禁泛舟。十刹海仅有踏藕船，小不堪泛，二闸遂为游人荟萃之所。自五月朔至七月望，青帘画舫，酒肆歌台，令人疑在秦淮河上。内城例自齐化门外登舟，至东便门易舟，至通惠闸。外城则自东便门外登舟。其舟或买之竟日，到处流连，或旦往夕还，一随人意。午饭必于闸上酒肆。小饮既酣，或徵歌板，或阅水嬉，豪者不难挥霍万钱。夕阳既下，箫鼓中流，连骑归来，争门竞入，此亦一小销金锅也。

木兰花慢

［清］续耻庵

雨晴残暑退，携二客，泛扁舟。正荻冷蒲荒，水平风稳，容与中流。三忠至今在否？剩丛祠烟柳夕阳秋。管甚英雄寂寞，且饶我辈遨游。休休！老矣何求。桃叶渡，酒家楼。有红粉当窗，笙歌夹岸，谁解闲愁。归船暗催落日，指高城星火似瓜洲。可惜一川香水，年年白了人头。

北京竹枝词

乘舟二闸欲幽探，食小鱼汤味亦甘。

最是望东楼上好，桅樯烟雨似江南。

二闸散步

长夏日如年，闲行野水边。

鸣蝉新雨后，洗马晚凉天。

松径僧扶杖，柳堤人唤船。

归鸦三两点，飞破夕阳烟。

通惠河通州段

通惠河通州段，西起永通桥，东至通州通惠河与北运河交叉口的这一段运河被称为通惠河通州段。

通惠祠碑记略

[明] 颜鲸

国家建都燕幽，岁漕自东南抵湾僦车牛资丁壮，陆挽以达京师，费脚价巨万。先是元郭守敬谓京西北白浮神山诸泉可瀹，以省搬运之苦。成化、弘治间，言者交章，每为异论所乘，事辄中罢。嘉靖丁亥，毗陵吴公仲以御史按京储，周视水道，尽得其状，抗疏以闻。诏命仲专董其役。于是斥山通浑，决去陀泖漫患，而泉流始清，塞诸水口之鼃陋旁溢者，而小川始入则壤。置闸鳞次，转运皆有程度，水利大通，千艘衔尾，直达都门。公去后数十年，民益思之，相与立祠岁祀焉。

颜鲸（1515—1589），字应雷，别号冲宇，浙江慈溪城南（今浙江宁波慈城镇）人。嘉靖三十五年（1556）进士。

夏日吴侍御邀游通惠河（二首）

[明]徐阶

颇忆三江远，乘流意若何？

水深秋气入，竹密雨声多。

熟果当尊落，惊禽拂棹过。

柳荫催系缆，欹枕听渔歌。

落日舟仍放，微风坐不辞。

树迥云影没，花庵夕阳移。

野兴幽人得，清游醉梦疑。

只应骢马客，为卜后来期。

徐阶（1503—1583），字子升，号少湖，华亭（今上海松江）人。嘉靖二年（1523）进士，授编修。明代名臣。有《世经堂集》《少湖文集》等。

通惠河

[明]曹代萧

暧暧烟光上苑通，紫泉缭绕玉河东。

梯航万里随风入，遥见云开五色中。

通惠河泛舟

[明]施闰章

径凿神山水，仍通郭外船。

轻流三十里，远汇百重泉。

缥缈含秋雨，空濛浸晓天。

园黄梨枣熟，沙白鹭鸥眠。

风剪蘋花碎，露倾荷叶圆。

渔村依别渚，猎火接平川。

柳岸深藏坞，花蹊曲绕田。

午桥庄迤逦，金谷墅周联。

似出长安道，如经灞水边。

江湖心自恋，舟楫意徒悬。

客兴逢新月，王程忆旧年。

沧浪多钓侣，闲咏濯缨篇。

施闰章（1618—1683），字尚白，一字屺云，号愚山，晚年又号蠖斋，江南宣城（今属安徽）人。明末清初诗人。有《学馀堂文集》《试院冰渊》等。

上巳沿通惠河至太平宫观庙市

[清]查昌业

十丈红尘过雨清，惠河添涨绕重城。

瑶池香渺春云黯，阆苑花鲜晓日明。

正是兰亭修禊节，好看曲水丽人行。

金梁风景真如画，不枉元官号太平。

查昌业，生卒年不详，字立功，号次斋，天津人。清代诗人。

有《筱芋馆集》。

运河舟中二首

[清] 爱新觉罗·胤禛

扁艒乘文舸，沿流阅运河。

晓窗飘白絮，夜岸沐金波。

酒幔篱边扬，渔舟苇畔歌。

长途看美景，偏觉此中多。

解缆放中流，晨光漾桂舟。

远村烟淡淡，野老意悠悠。

抛粒游鱼聚，依萍乳鸭浮。

水天同一色，疑是泛瀛洲。

爱新觉罗·胤禛（1678—1735），清朝皇帝，年号"雍正"。

通州八景之二水会流（三首）

其一

[明] 王宣

关寒尘清远水通，派钱南接潞城东。

沙头浪起双流合，云际帆来万国同。

鸥破喧烟归别浦，雁随凉雨落高空。

余波载得春光去，散作君恩诵八纮。

其二

[清] 吴存礼

百川万沿纪朝宗,此亦漾洄凤阙东。

寒外浮槎源自异,洲边飞鹭经相通。

晴川草树双流合,卜宅经营二水同。

隐隐如环抱疆索,两城相依故称雄。

其三

[清] 王维珍

二水光拖匹练秋,白河涛逐富河浮。

甘芳谁判淄渑味,清浊原分泾渭流。

万马声来燕北地,两龙飞下海东头。

饮羊故道同源否,通潞亭边旧迹留。

王维珍(1827—约1884),字颖初,一字席卿,号莲西,一号莲溪,又号大井逸人,天津人。书法家。由于这一句"一枝塔影认通州",使他的名字被更多的人所知道。

通州八景之波分凤沼(四首)

其一

[明] 王宣

碧水分香出御沟,潞阳城郭界清流。

九重天近晴云拥,一脉源深暖翠浮。

烟浪送春敷海宇,风帆迎日上神舟。

吟诗便起乘槎兴,欲问当年博望侯。

其二

〔清〕尹澍

何处清涟入潞河，遥知太液散余波。

芙蓉浪起香风暖，春水潺潺禁苑过。

其三

〔清〕王维珍

河流通惠旧知名，一派东趋九曲萦。

凤沼斜分归板闸，鲸涛远望赴蓬瀛。

欢忻鱼跃歌灵囿，蜿蜒龙旋绕禁城。

云里舳棱双阙迥，恩波千载颂澄清。

其四

〔清〕李焕文

恩波寰海尽蒙休，况是畿东第一州。

北出牛栏归巨浸，南条凤沼仰分流。

绿苹凤转来花闸，红叶诗题认御沟。

玉蛛金鳌曾侍值，谪居仍是近瀛州。

通惠河

八里桥（永通桥）

八里桥即永通桥。《明英宗实录》载："正统十一年八月建通州八里庄桥。"《日下旧闻考》载："永通桥距州治八里。"《光绪通州志》载："永通桥，在州城西八里，明正统十一年敕建，赐名永通。即今所称八里桥。东西五丈，南北二十丈……万历间重修，国朝屡经修葺。"

《天咫偶闻》："通州之西，有八里桥。庚申之变，僧邸海口之防，为汉奸所误，乃致败衄。退至此桥，据桥为炮台。及战又败，遂不支。至今桥东面石栏缺折，乃为炮所伤者，存之亦折槛之意欤。"

八里桥为通州至京城必经之路，历朝多有修缮。第二次鸦片

八里桥之战（木版画）

战争中，清军僧格林沁与胜保在八里桥对英法联军展开激战，即著名的"八里桥之战"。

通州八景之长桥映月（七首）

其一

[明] 王宣

神蛟飞落海门西，横绝清流跨两堤。

光映素蟾涵宇宙，影随碧水晃玻璃。

波涛声振鱼龙出，风露凉生鹳鹤栖。

晓拂长阑望天阙，岩峣麟阁与云齐。

其二

[清] 吴存礼

银河忽驾彩虹来，俯瞰波光曙色开。

历历清霜晴草木，晖晖皓月照池台。

桂官若引浮槎客，蟾窟应舒题柱才。

吟眺濠染莹洁甚，冰心相映即蓬莱。

其三

[清] 吴邦翰

一湾帝泽含秋影，两岸天风跨彩虹。

月落年年人迹古，往来疑在画图中。

其四

[清] 王维珍

石衢莽荡接虹腰，倒映山河月影摇。

永通桥保护标志

东望城关才八里，西来略徇有双桥。

是谁题柱游燕市，何处凭阑听玉箫。

入夜霜清一轮坠，凌寒征铎去萧萧。

其五

[清] 尹澍

长虹百尺卧城西，水影天光云影溪。

多少石猊旋兔窟，往来人踏镜中梯。

其六

[清] 代璿

坐听桥头逝水去，渐看皓月出银河。

十分夜色浸江面，一沿涛声入耳窝。

舟子熟眠围绿柳，石猊环立长春梦。

烟波遥望三千里，信是长空月影和。

其七

[清] 李焕文

湖溯昆明引玉泉，虹腰八里卧晴川。

石阑拥似天衢入，画舫摇从月窟穿。

万斛舟停芦荡雪，百商车碾挂轮烟。

渔灯蟹火鸣征铎，惊起蛟龙夜不眠。

永通桥记

[明] 李时勉

通州城西八里有河，京都诸水会流而东。河虽不广，每夏秋之交雨水泛溢，常架木为桥，比舟为梁，数易辄坏。内官监太监李德以闻于上，欲于其地建石桥。乃命司礼监太监王振往经度之。总督漕运都督武兴发漕卒，都指挥佥事陈信领之，工部尚书王卺会计经费，侍郎王永和提督之，又命内官监太监阮安总理之。桥东西五十丈，为水道三券，券与平底石皆交互通贯，锢以铁，分水石护以铁柱，当其冲，桥南北二百尺，两旁皆以石为阑。表二坊，题曰永通桥，盖上所赐名也。又立庙以祀河神，经始在正统十一年八月，告成于十二月，明年三月立石。

李时勉（1374—1450），名懋，以字行，号古廉，江西吉安人。明代官员、学者。

20世纪初的永通桥

燃灯佛塔

燃灯佛塔

　　《帝京景物略》："古有曰佑圣教寺者，今通州学宫也。宫墙外片地，故塔存焉。塔级十三，高二百八十尺，围百四尺，中空，供燃灯古佛。塔今剥尽，所存肤寸，则金碧琉璃也。今人自谓曰文巧已，然此古塔，工花纹，妍色泽，后世实莫及。佛，石佛也，石面亦剥尽，复存其坏未装时。塔有碣，楷书，续续字间存，周某号几年，矜古者相哗淆曰：成周也！佛法入中国，先汉明帝时，殆三四百年，不知此北朝后周宇文氏也。成周纪年无建号，亦无今楷书。塔别存石一方，唐贞观某年，尉迟敬德修。又一方，元大德某年，笃烈图述再修。塔顶一铁箭贯之，传为金将杨彦升射者。天气清霁，塔影飞五里外，现白河水面，蠕蠕摇摇然。而旁近河，乃无影。"

礼燃灯塔

[明] 葛一龙

荒庵留废塔，千祀表崚嶒。

岁月销金碧，封疆护法乘。

宗孙五六祖，天步十三登。

杲杲天边日，长明劫外灯。

葛一龙（1567—1640），字震甫，南直隶苏州府吴县洞庭山（今属江苏苏州）人。明代诗人。有《修竹篇》《幽堂集》等。

燃灯佛塔

[明] 汪历贤

燃灯何代佛，兹塔留显迹。

凋谢金碧余，寂寥丘阜积。

残铎时一鸣，岁月犹历历。

窅然入古初，尘劫一朝夕。

燃灯佛塔

[明] 倪有淳

塔质存胎佛，霜风剥几层。

周朝疑问客，黉舍老容僧。

远过河飞影，传闻鬼施灯。

欲寻遗字迹，荒落不堪登。

通州八景之古塔凌云（七首）

其一

[明] 王宣

冰虬峭立倚云霄，云际层峦势并高。

一柱界空分晓色，八窗飞雨响秋涛。

铎声清引天边鹤，灯影潜通海上鳌。

笑拍危阑独翘首，满襟清兴入吟毫。

其二

[清] 尹澍

峻嶒秀耸矗天崖，习习铃声冷御风。

倒影白河翻浪涌，碧波高映佛灯红。

其三

[清] 江藻

层层碧影浮天外，矗矗珠光映日东。

万里钟回潮汐近，千年鹤度紫苔空。

燃灯佛塔旧照

秋深禁苑看慈雨，夜静严城听古风。

但到登临还北向，好凭檐槛拜重瞳。

其四

[清]吴存礼

梵音缥缈势峥嵘，亘古长留天柱名。

千里云霞金顶出，半天花雨石莲迎。

影垂潞水探龙窟，铃彻缑峰咽凤笙。

南望江山遥作镇，光芒四射拱神京。

其五

[清]王维珍

千尺巍峨塔势雄，层霄矗立障天风。

半空铃语云间碧，元夕灯光顶上红。

多宝自应真佛现，题名不与曲江同。

潞亭作镇城楼北，终古祥雯五色笼。

其六

[清]李焕文

累朝经始费经营，世祖鸿图不日成。

万户人烟千仞仰，半空佛座一灯明。

金波影落东西海，玉垒云浮新旧城。

支柱幽燕天半壁，翠微山对拱神京。

其七

[清]王维珍

云光水色潞河秋，满径槐花感旧游。

无恙蒲帆新雨后，一枝塔影认通州。

通州城

《长安客话》："通州自秦而上，地隶幽燕，未有建置。汉始置潞县，唐更置玄州，寻复为潞县。至今乃升为通州，取通运之义。国家奠鼎燕京，而以漕挽仰给东南，长河蜿蜒，势如游龙，而通州实咽喉之地，我明之有通，如唐之有灞陵，宋之有卫源，其烦剧一也。"

重修通州新城记

［明］唐文献

通州，古渔阳地。相传胜国前无城，捍以篱寨，其有城自洪武初忠敏侯孙兴祖始。其奏建二城以护西、南二仓，自正德间总督粮储李德始。其增修新城，自嘉靖六年中丞李贡始。今重修新城以联旧城，使之唇齿相附，则万历十九年济南晴江王公始。公博大精敏，负文武异才。简书之余，出就行部，相度要害，谓通州乃肘腋上流，咽喉重地，无若修新城为急。于是上其议。既疏闻，制曰可。公乃檄将吏，捐朽剜蠹，役夫悉取诸营军，不以烦父老；经费悉出储帑金赎锾及屯粟之余，不以括民廪商橐。城高一丈，厚尺有咫，长一千三百四十丈有奇。

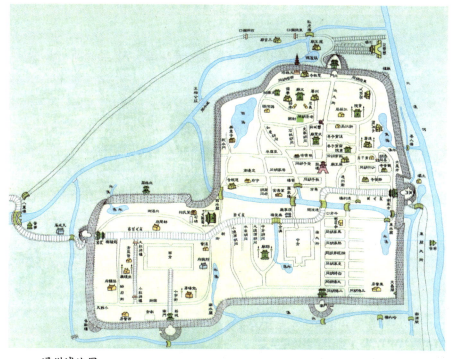

通州城池图

首城楼，次角楼，次窝铺，缭以周垣，浚以沟堑，工中程，材中度，延袤中地势，抟埴中准绳。楮更而良，老更而壮。盖自癸巳以迄乙未，再浃岁而竣。天子为赏赉勤劳诸臣大小有差，而中外诸君子亦无不乐成于是役者。夫通州非郡邑之城，天子之城也。明王以四方为守，三辅为卫，今上垂拱二十余年，边城狃于恬嬉，武备废弛。犹幸公身亲畚锸，天险屹然，仰拱京阙，俯控天津，将自今伊始，谨盖藏，收保聚，贡道以肃，屯积以固，名虽重修而事若鼎创。昔春秋书筑城者二十九，独叔敖城圻，君子以为敏；子囊城郢，君子以为忠。维忠与敏兼之，则通州今日之役是已。公名见宾，号晴江，鲁人，由甲戍进士至今官。

重修通州新城记

[明]李东阳

通州在国初为北平布政司之属郡，旧有城。自文皇帝定都以来，肇立京府，并置州卫。东南漕运岁入四百万，析十之三贮于州城。既久且富，乃于城两门外辟地为西、南二仓。景泰间，以外警，复筑城七里有奇，环而翼之，为新城。时仓卒规制未备，高止丈余，视旧城不及其半。比年砖石剥落，外内出入可登而越也。正德辛未，流氛为患，副都御史李贡巡抚其地，深以为忧，引水而环之三周。已乃询诸有司，图所以御灾捍患者。上疏言：天下之治，与其有事而图，孰若先事而虑？今番上京军数千名，方留城守，宜以其隙计工修筑，工部分司有废砖数十万，宜借以供用。上命户部左侍郎邵君宝、兵部左侍郎李君浩、工部右侍郎夏君昂率僚属往相其宜，悉如所议。君又留罪人所赎金为凡百费用。新城旧基增筑五尺，其外为砖，内实以土，上复为垛墙六尺有咫，而长广皆如其数。又为敌台，其西南为瓮城，重门悬桥，皆旧所未有。其为役皆分番迭作，人乐趋事，不数月而成焉。于是知州杨濬、州学正洪异等谓兹役之重，不可以无述，介吾妻之从子岳序班梁以请于予。予惟天下大计不外于兵民，兵民所赖以生者必资乎食。兹役也，皆有赖焉。若所谓先事而备，则李君固言之，即唐李绛所以告其君者也。顾狃于安逸者恒以为不足忧，而张皇者又有所不及谋。比盗贼芟刈略尽，远近诸司皆晏安不复致虑，而李君方矻矻不暇，议者或以多事为疑，亦独何哉？予感其事，因叙其始末，为方来者劝，俾以羡财余力益增而高焉。其为补岂小哉！是役也，巡按御史陈君祥、巡仓御史詹君源实协其谋。董其事者则分守都指挥黄玺等十余人。系之诗曰：文皇建都，治必南向。州名曰通，作我东障。高城巍峨，有兵有民。漕河北来，饷粟云屯。储盈庾增，新城是筑。有功弗终，高及其腹。月倾岁颓，浸不及前。窥觎之患，孰防未然？矻矻台臣，出治斯土。遭时多虞，实备群侮。陈谟在廷，惟皇圣明。乃集群议，乃睹地形。营兵如林，时属戍守。且练且修，工弗外取。仓有余粟，镘有赎囚。斯纳斯出，财弗外求。因城为高，几倍其半。其周七里，环彼三面。望之岩岩，即之巉巉。河流在阳，其水潭潭。前有连城，后有皋壤。越百余年，既崇且广。古亦有言，安不忘危。惟台有臣，为藩为维。金汤高深，同彼带砺。守在四方，传于万世。

（通州）州城考

［清］刘锡信

唐文献《重修通州新城记》云："通州，古渔阳地，相传胜国前无城，捍以篱寨，其有城自洪武初忠敏侯孙兴祖始。"州志城池门，其说与此略同。予以为非也！按通州自汉建为潞县，其故城遗址则在潞河东。《后汉书·五行志》所云："潞县火灾起城中"当即今河东之故城矣。其徙治河以西，虽年代莫考，然郦氏注鲍邱水谓"南经潞县故城西"。既曰故城，则当元魏中叶已移治他所矣。近日州城南一里许，土人掘得唐长丰令李丕石志云："葬于县之南三里。"可知，唐时潞县已治于此。惟里数不符者，疑唐时故城仅今城北一隅。迨后广其南面耳。今州署学官皆在北门内，此必沿之前代者。自北门内，至得石志之所，计之约有三里余，里数适合。至后唐明宗时，赵德钧镇幽州，苦契丹抄略，于州东五十里城潞县而戍之。盖唐藩镇城在今都城西南，至潞适五十里也。疑城之增广，即在此时欤。至金海陵时始升为通州，以潞附郭。金末，元攻通州，攸哈剌拔都一夕造炮三十、云梯数十附城，金将蒲察七斤以城降。明之灭元也，徐达率诸将克长芦、直沽、河西务至通州。众请攻城，郭英曰："吾师远来，敌以逸待劳，攻城非我利也。"英以千人伏道旁，率精骑三千直抵城下，克之。是通州历代俱有城，见之《通鉴》《元史》《鸿猷录》《明纪事本末》诸书，班班可考。

而此记及，州志俱谓元以前无城，何不考之甚耶！

刘锡信，生卒年不详，字桐村，清代通州人。

二月二达通州

[元]贡奎

河冰初解水如天，万里南来第一船。

彻夜好风吹晓霁，举头红日五云边。

通州道中

[元]贡奎

万雉参差云雾开，四千里外客重来。

平冈日出车牛喘，古道尘飞驿骑回。

白玉至今传楚璞，黄金自古说燕台。

高楼红旆应如昨，莫遣新愁到酒杯。

贡奎（1269—1329），字仲章，号云林子。安徽宣城人。元代官员。

远望通州图绘

通州

[元] 马祖常

潞水年年沙际流，都人车马到沙头。

独憎杨柳无情思，送尽行人天未秋。

发通州

[元] 贡师泰

京尘冉冉岁华新，重向都门去问津。

西日衔山沙水晚，通州城下雨沾巾。

发通州

[元] 贡师泰

日日思归未有期，及归翻恨数年迟。

开船听得吴歌起，绝似阊门送别时。

贡师泰 (1298—1362)，字泰甫，号玩斋，宣城（今属安徽）人。元代文学家。有《玩斋集》。

通州（二首）

[明] 杨士奇

城倚红云下，门临绿水滨。

宝鞍驰骏马，多是帝京人。

清浅潞河流，常维万里舟。

越罗将蜀锦，充满潞滨楼。

杨士奇（1365—1444），名寓，字士奇，以字行，号东里，谥文贞，江西泰和人。明代官员、学者。有《东里全集》。

雨中南还舟发通州

［明］黄淮

官舸乘风五两轻，寒流拍岸浪花生。

张家湾上频回首，记取南还第一程。

黄淮（1367—1449），字宗豫，号介庵，浙江永嘉人（今浙江温州鹿城）人，明朝首辅，历事太祖、惠帝、成祖、仁宗、宣宗五朝。有《省愆集》等。

宿通州靖嘉寺

［明］文彭

古寺荒烟合，巍然三殿存。

回廊余磴石，曲径满苔痕。

岁久罘罳暗，庭闲鸟雀喧。

独怜车马客，一宿恋空门。

文彭（1497—1573），字寿承，号三桥，别号渔阳子、三桥居士、国子先生，长洲（今江苏苏州）人。工书画，尤精篆刻，能诗。有《博士诗集》。

通州署中杂兴

[明]王世贞

潞城高望白云翔，浊酒残花兴未央。

总道除书同逐客，何妨抱案且为郎。

鬼神元自饶宣室，魑魅那曾止瘴乡。

散地陆沉无不可，于今孤匣卷秋霜。

过通州城

[明]王世贞

日落卢龙秋色哀，连城百雉此雄哉。

中原地划烽烟近，北斗天回王气开。

淮海帆樯飞饷集，期门金鼓射生来。

向看睥睨曾戈甲，今日谁论保障才。

王世贞（1526—1590），字元美，号凤洲，又号弇州山人，太仓（今属江苏）人。明代文学家、史学家。

叹卓老

[明]汤显祖

自是精灵爱出家，钵头何必向京华。

知教笑舞临刀杖，烂醉诸天雨杂花。

汤显祖（1550—1616），字义仍，号海若、若士，别号清远道人。临川（今江西抚州）人。明代戏曲家、文学家。有《紫钗记》《南柯记》《邯郸记》《还魂记》（即《牡丹亭》），世称"临川四记"。

过通州

[明]袁宏道

白舫绿油扉，多时梦亦稀。

浪中丹雄见，郭里水禽飞。

古寺荒何代，空杨瘦十围。

四年一带水，三度断肠归。

登通州城

[明]丁乾学

轻风远水度萧音，倚尽孤城暮色阴。

无数舟航河上晚，几村灯火树中深。

买鱼呼酒长江思，望阙看云旅客心。

眺尽山南明月夜，浑忘清磬起遥岑。

丁乾学（？—1627），字天行，浙江山阴（今属浙江绍兴）人。万历年间进士。

通流闸

[清]陈豫朋

天桥碧一弯，沿洄入西郭。

虹梁架市衢，石堰束喷薄。

东流势建瓴，赖斯严锁钥。

垒木砥柱同，启闭防盈涸。

金钱省一赀，廒廪充绎络。

通州道中

[清] 张宜泉

未熟东来路，沿村问去程。

一鞭残照里，得意马蹄轻。

张宜泉（1720—1770），清代官员。有《春柳堂诗稿》。

通州道中

[清] 爱新觉罗·弘历

白云红树通州道，麦垄禾场九月秋。

好景沿途吟不了，豳风图画望中收。

渔舟蟹舍俨江乡，蟛蛛横波饮练长。

策渡漫思荷芰绿，亚洲剩有荻芦黄。

过通州

[清] 爱新觉罗·弘历

青郊和以暄，风物近清明。

不禁霜露思，驾言东上陵。

前旌渡潞川，后旅背凤城。

予昔青官时，此路频长征。

忆彼慈云壁，几度题句曾。

林坰故好在，髭须非后生。

沿堤柳已黄，出垄麦未青。

望雪继望雨，东亩迟力耕。

教养虽并要，富庶之未能。

经历始知艰，所志嗟何成。

过通州浮桥即景杂咏

[清]爱新觉罗·弘历

飞梁驾水响梢东，转漕连艘此处通。

南望江乡渺何极？遥源犹忆自云中。

汀蒲岸芷染烟光，仲月融怡丽百昌。

依旧廿年寒食景，吟髭赢较几茎长。

郡城塔影落波尖，生齿休和日日添。

才命农官出红朽，顿教米贱乐穷阎。

来往舳舻藉底因？阳关唱处解维新。

便教一晌思南客，岂必九重无故人？

过通州

[清]爱新觉罗·弘历

树梢看塔影，烟外过通州。

沙岭延东亘，潞河自北流。

浮桥连巨鹢，野岸起闲鸥。

发帑完城郭，无非保障谋。

通州八景之柳荫龙舟（五首）

其一

[清]周之翰

凤彩龙文照碧波，春深鱼藻傍船多。

君王不作横汾曲，锦缆年年锁潞河。

其二

[清]尹澍

杨柳青青翠欲浮，堤边锦缆系龙舟。

春深碧沼恩波近，定拟君王壮胜游。

其三

[清]吴存礼

含烟深翠日边浮，水般龙文耀碧流。

飞絮月中疑雪舫，垂丝帘外作金钩。

倒移棹影黄莺闪，飘出箫声紫凤留。

每荷勤民临潞水，芳塘锦缆待宸游。

其四

[清]王维珍

柳堤飞絮白漫天，低荫龙舟锦缆牵。

画鹢光摇波似縠，流莺声细雨如烟。

葡萄湾近双桡歇，栲栳堡深万树连。

好待东风冰解后，柁楼春水望神仙。

其五

[清] 王维珍

雨晴两岸柳依依，晒网渔舟傍钓矶。

醉卧船头弄横笛，夕阳飞絮满蓑衣。

通州八景之高台丛树（三首）

其一

[清] 尹澍

忽听依依鸟雀哀，迷离烟树夕阳开。

前朝战垒英雄古，此地空余旧将台。

其二

[清] 王维珍

戍堠沿堤拥将台，丛林高处护崔嵬。

霜寒鹰隼秋云薄，月满旌旗大漠开。

落叶沙光沉碧瓦，隔村驰道点苍台。

时清大树将军在，画角残声向晓催。

其三

[清] 李焕文

萧家巾帼亦雄才，奋武游畋有将台。

此日椿杉郁苍莽，昔年狐兔走蒿莱。

雕盘大野千军驻，龙御堤封万井开。

更筑黄金招俊义，揆文培养栋梁材。

通州八景之平野孤峰（三首）

其一

［清］尹澍

层峦突兀一峰孤，几抹晴岚入画图。

漫道平林无限景，千秋屹立佐皇都。

其二

［清］吴存礼

郊原旷莽满靡芜，秀削芙蓉挺潞隅。

缓步跻攀藏曲折，飞觞登眺赋京都。

遥临东塞形逾壮，近接西峰势不孤。

莫道小山灵致少，去天尺五听嵩呼。

其三

［清］王维珍

孤峰直入九霄摩，旷野平开带大河。

农田东连新稼熟，层岚北望暮烟多。

飞还不绝千山鸟，耸立轻浮一点螺。

燕树蓟云环四面，满村红叶听樵歌。

漷　州

《长安客话》载古漷阴"汉属泉州县地，水绕城郭为漷。辽置漷阴镇于漷河之南，寻改为县，元升为漷州。本朝以兵燹之余，民寡赋薄，复抑为县"。

《天咫偶闻》："京东南漷县，废于国初。余行役过之，曾考其地势民情，究未可废，著《复漷县议》。今载之云：丁亥之春，于役通州，过废漷县。其邑聚不及三百家，且贫困者多。地复卑湿近河，多水患。昔人废之不为无见，然颇怪其不知废之害也。盖是邑也，北去通州五十里，南鄙八十里，州吏视之几如绝域。邑既废，以州判主之，权极轻，例不受民词。民有纳租、投牒，往诉于州，一日不得返。裹粮赁庑之资，其用倍奢。往往杀人，土豪私自决之，不复闻于官，官亦无从纠诘。以故漷南民不知有官，不知有法。虽居近畿，如悬绝域，此害非细故也。窃以为邑终宜复，然其故治实不足用。县南有聚曰永乐店，百货之所骈也。户至五六百，殷实最多。地高水不能至，北去通州五十五里，南去武清亦如之。移治于此，可云适中矣。民之纳租、赴诉，不至如昔之困。去官亦近，法纪不至胥亡，因漫记此，庶后有议复之者。"

潞州

[元] 吴莱

数株杨柳弄轻烟，舟泊潞州河水边。

牛羊散野春草短，敕勒老公方醉眠。

吴莱，字立夫，本名来凤，浦江（今属浙江杭州）人。元代文学家。有《渊颖吴先生集》。

潞州望古北居庸诸山

[元] 陈秀民

古北居庸一望中，风沙满眼乱芙蓉。

曦车夜转昆仑脊，华盖阴移太乙峰。

金口水流终到海，玉泉云起又从龙。

两京形胜今如此，可拟秦关百二重。

陈秀民，生卒年不详。温州（今浙江温州）人。元代人。博学善书。

过将台追忆先皇

[明] 金幼孜

忆从先帝北征时，亲奉銮舆誓六师。

威驾风云严号令，阵分龙虎耀旌麾。

指挥掌握真无敌，驾驭英雄政有为。

一自鼎湖仙去后，几回过此重增悲。

金幼孜（1367—1432），名善，号退庵。新淦（今江西吉安）人。建文二年（1400）进士。有《北征录》及《后北征录》，后人集其遗文成《文靖公全集》。

宝通寺

[明]叶元玉

诘朝载酒宝通寺，食盒春簝但小装。

千里春风伤鬓雪，十年尘梦愧松篁。

绿阴屈指无三月，白日题诗共一堂。

醉后浩歌还起舞，不妨人笑老夫狂。

叶元玉，生卒年不详，字迁玺，号古崖，汀州清流（今福建清流）人。明成化十七年（1481）进士，著名诗人。有《古崖集》。

潞县晚行

[明]蒋山卿

漠漠平沙阔，荒荒白日低。

朔云孤雁度，昏树乱鸦栖。

戍鼓听犹隔，村烟望欲迷。

关山有戎马，怜尔尚征西。

蒋山卿（1486—1548），字子云，号江津，江苏仪征人。明代文学家、画家、书法家。有《南冷集》。

出漷阴望杨柳村

[明]皇甫涍

乘云命倾盖，带月度征轮。

地白翻疑水，村寒不悟春。

雾交平谷树，风散朔方尘。

讵向耕夫问，垂杨宛旧津。

皇甫涍（1497—1546），字子安，号少玄，长洲（今江苏苏州）人。明代诗文家。

漷县行

[明]顾梦圭

入城半里无人语，枯木寒鸦几茅宇。

萧萧酒肆谁当垆？武清西来断行旅。

县令老羸犹出迎，头上乌纱半尘土。

问之不答攒双眉，但诉公私苦复苦。

雨雹飞蝗两伤稼，春来况遭连月雨。

县城之西多草场，中官放马来旁午。

中官占田动阡陌，不出官租地无主。

县中里甲死诛求，请看荒坟遍村坞。

顾梦圭（1500—1558），字武祥，号雍里，明代诗文家。有《疣赘录》。

过潞县诗

[明]沈迈

巨艑如牛鞭不行，乘风隙喜片帆轻。

四千秋驿何时到，今日经此第一程。

沈迈，生平不详，明代人。

潞县舟中

[清]卞永吉

征帆缘潞转，别马忆骄嘶。

前路方疑远，乡关渐欲迷。

岸平沙水急，野阔塞云低。

日暮频回首，荒村鸡尽栖。

卞永吉，生卒年不详，清汉军镶红旗人，字谦之。有《来远堂集》。

京杭大运河
（通州东关段）

潞　河

潞河即外漕河，两岸沙白，寸草不生，俗名白河。

潞水自塞外丹花岭合九泉水，一南经安乐故城，与灅水合，为东潞河。一南经狐奴故城，与鲍邱水合，为西潞河。

通州潞县故城考

[清] 刘锡信

（土人呼曰古城）

通州潞河东八里许有古城。周围四里，其遗址约高五六尺，东、西、北三面俱存，惟南面近官道，已成陆地。西北隅遗堞，独高峻，尚丈余，疑当日之角楼、瞭敌台之类，未可知也。考之州志，曰前代驻兵之所，或云古潞县，疑，不能明也。岁在壬午，土人于古城北得一石，为唐景城主簿彭况权殡志铭。余于癸巳岁始购得之，志云："建中二年，季弟长源迎神葬于古渔阳城北，采贵里之原。"则又称此城为"古渔阳城"。予初益疑之，按《水经注》云："鲍邱水又南，经潞县故城西，王莽之通潞亭也。汉光武遣吴汉、耿弇破铜马五幡于潞东，谓是县也。屈而东南流，经潞城南，世祖拜彭宠为渔阳太守治此。宠叛，光武遣游击将军邓隆伐之。军于是水之南。"鲍邱水即今潞河。潞河过今州城东即屈而东南流，古城在潞河东，与《水经注》所谓"南，经潞县故城西"相合。余尝寻访其地，登古城废堞南望。河去城约三里。时当秋日，漕艘未尽，南下帆樯林立。盖河至此折而东流，正经古城之南，与《水经注》所谓"屈而东南流，经潞城南"正合。则古城为汉时潞县故城无疑也。潞水皆南流，惟至此折而东流，隆是以得军此水之南，非亲至其地者不知也。又按《后汉书·五行志》云："建武中，渔阳太守彭宠被徵，书至明日，潞县火灾起城中，飞出城外，燔千余家，杀人。"时宠与幽州牧朱浮有隙，疑浮见浸僭，遂反叛攻浮，卒诛灭，即此徵之。亦可见潞县为太守治所，宠初被徵而郡城灾，为破灭之兆。若潞仍如西汉时为渔阳郡支县，远在数百里外，即偶尔遇灾，何以遂见为太守感应之兆。志虽无明文，可以互证也。但《后汉书·郡国志》渔阳郡所领县仍以渔阳县为首，或司马彪误沿班志旧文，未及更正；或东汉中叶，渔阳郡仍归治故地，俱未可知。然，观《三国志》所载刘虞从事鲜于辅、阎柔等欲报公孙瓒，与瓒所置渔阳太守邹丹战于潞北则又似终东汉之世，渔阳郡俱治潞县者。然则，果司马彪编列失序也？脱非获此唐刻，竟无从确考此城为潞县故城，即东汉渔阳郡治。今由此石而证之，以《水经注·五行志》使两千年之古迹粲然可考，并可补《后汉书》及历代地理诸家之阙。金石之裨益良多也。又州志分列通潞亭别为一条，而注云遗址莫考。不知通潞亭即潞县故城也。《水经注》明言之矣，盖通潞非亭馆之亭，亦非汉治十里一亭及后汉封爵亭侯之亭。按《汉书》王莽改县以亭名者三百六十，以应符命文。则莽之所谓亭，即县也。特异其名以应符命耳。后人不察，似莽曾建亭馆于潞而别著之为古迹之一，非其实矣。

潞县治考

[清]刘锡信

潞县旧治，二汉时在今潞河东八里之故城。唐以后，即治今州城。此俱证之。近年所得唐石刻可以为据。惟中间二三百年未审治何所。按《水经注》引《魏氏土地记》云："潞县城西三十里有潞河也。"以此计之，元魏潞县治所，当在潞河东三十里，约略在今通州、三河交界之地。今遗址绝无可考。（古人里数较小，三十里在今仅二十余里。）盖是时尚未析三河县，元魏县治在适中之地，理或近之。不知何时徙治潞河西，疑当在齐周设渔阳郡之时。今州城北十三级燃灯佛塔，穿窿高峻，颇为巨观，建自周宇文氏。当日建塔，必在郡邑城市之地。意潞县必已徙治于此矣。潞县既治河西与县东境辽远，此唐初所以析置临泃县。既省之后，而后开元初复析置三河县，皆割潞之东境，此亦理势所必然也。

渔阳郡三治潞考

[清] 刘锡信

　　渔阳郡曾三治潞县，而州志俱未载。其东汉及宇文周并《方舆纪要》诸书亦未之载也。东汉治潞，见《水经注》，前段已详言之矣。《隋书·地理志》："涿郡·潞县"下云："旧置渔阳郡，开皇初郡废。"隋承周后，则周之渔阳郡治潞不待言矣。考周灭北齐仅四年即禅于隋，于齐之郡县未必大有更置。隋志不曰"周置"而曰"旧置"或统承齐氏而言之也。《唐书·地理志》"潞县"下云：

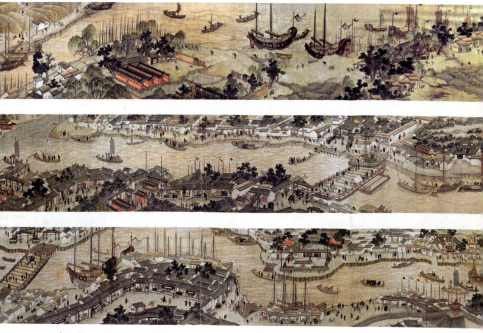

潞河督运图

"武德二年，自无终徙渔阳郡，于此置元州。"盖隋渔阳
郡治无终至此徙治潞县也。唐人州郡互称（有时改州为
郡，有时改郡为州）如幽州范阳郡，其元州则渔阳郡也。
迨贞观元年，罢元州；开元十八年，分置蓟州号渔阳郡。

早发潞阳驿

[元] 张翥

征车如水辔如丝，望入金河欲曙时。

万里山川环拱抱，九天宫阙起参差。

风林泥泥秋多露，野淀稜稜晓有澌。

三十余年观国愿，白头今日到京师。

虹桥

[元] 宋褧

野春平碧生暖烟，虹桥南畔沙漫天。

潞阳河上见酒旆，直下复有钓鱼船。

潞县舟中寄杨上舍诗

[元] 傅若金

买得吴船系柳根，潞河新雨过黄昏。

都门只隔烟中树，一夜寻君若梦魂。

春风亭馆看花时，自变新声教《柳枝》。

只恨秀娘空第一，不曾歌得断肠词。

潞河

[明]陆颙

久住频看雪，天寒未见花。

经年常在客，听雁忽思家。

春重眠多梦，年侵鬓有华。

何由遣怀抱？惟仗醉流霞。

陆颙，生卒年不详，字伯瞻，兴化（今江苏兴化）人。明初著名的外交家。诗、书、画皆工，时称"三绝"。

发潞河

[明]陈暹

扁舟发潞河，驾言返旧服。

津路多邅回，舟行往如复。

回首黄金台，宛然犹在目。

仲春天气和，新莺上乔木。

菁葱布邱甸，牛羊散平陆。

缅怀沧州间，栖迟动信宿。

陈暹（1405？—1496），字季昭，号云樵，江苏吴县（今江苏苏州）人。画家，工设色山水、人物，以绵密潇洒为其特色。

晓发潞河

[明] 谢迁

千里乡心逐雁飞，晨光初动尚熹微。

送迎深愧劳宾从，今昨何烦问是非？

自在沙鸥眠岸迥，凋零霜叶挂林稀。

十年京洛归来晚，犹喜缁尘未染衣。

谢迁 (1449—1531)，字于乔，号木斋，浙江余姚人。成化进士，明代大臣。存世著作有《归田稿》。

长店作

[明] 殷云霄

牵舟下潞河，河浅不可行。

前途漫浩浩，日暮悲孤征。

缘流百里间，淼茫即东瀛。

挂帆越万里，快哉平生情。

失计今如此，忧怀徒自盈。

殷云霄 (1480—1516)，字近夫，号石川，寿张 (今山东阳谷寿张镇北台村) 人，明代官员、诗人。弘治十八年 (1505) 进士。有《石川集》。

潞河舟中

[明]简霄

潞水经年别，风尘又觉非。

岸芦迎棹舞，樯燕掠人飞。

泽国鱼梁竭，江城候吏稀。

人烟沙草外，一缕起斜晖。

简霄（1481—1560），字腾芳，号一溪，又号蓉泉，新余（今江西新余）人。明代官员。

白河寒望

[明]蒋山卿

极目空原野，萧条此水村。

茫茫河自白，惨惨月初昏。

远岸回蒲口，寒河接海门。

扁舟忽渔唱，楚客正伤魂。

初发白河诗（二首）

[明]归有光

白河流水日汤汤，直到天津接海洋。

我欲乘舟从此去，明朝便拟到家乡。

胡风刮地起黄沙，三月长安不见花。

却忆故乡风景好，樱桃初熟正还家。

归有光 (1507—1571)，字熙甫，号震川，又号项脊生，世称"震川先生"。昆山(今属江苏昆山)人。嘉靖进士。明代官员、散文家，著名古文家。有《震川先生集》《三吴水利录》等。

潞河舟中

[明] 郭谏臣

夜泊潞河驿，朔风时送寒。

涛声走沙碛，月色映江干。

独酌意何远，高吟兴未阑。

南归岁云暮，白发拟承欢。

郭谏臣 (1524—1580)，字子忠，号方泉，更号鲲溟，南直隶苏州府长洲 (今江苏苏州) 人。有《郭鲲溟集》。

告归发潞河

[明] 黄凤翔

方朔本吏隐，相如常病渴。

明时许乞身，初衣辞魏阙。

苹车逐扁舟，长河接溟渤。

舳舻争唱呼，鸥鹭闲出没。

帆影日外落，津头棹歌歇。

举酒酬暮云，卷帘对夜月。

悠悠万里心，顿与江天豁。

　　黄凤翔（1538—1614），字鸣周，号仪庭。晋江（今福建晋江）人。明隆庆二年（1568）进士。

潞河晚泊

[明] 屠隆

回浦落帆尽，长堤带郭斜。

暮烟平吐树，春雨薄沈沙。

白艇藏渔市，黄茅覆酒家。

一瓢云水外，不复问年华。

　　屠隆（1542—1605），字长卿，一字纬真，号赤水、鸿苞居士，浙江鄞县（今浙江宁波鄞州区）人。明代文学家、戏曲家。

送龚大之淮扬

[清] 朱彝尊

潞河迟日送征骖，禁雪初晴柳尚含。

一路青山到淮浦，照人明月已江南。

贺潞河诗（二首）

[清] 爱新觉罗·玄烨

潋滟春波散碧漪，白苹初叶麦初歧。

潞河三月桃花水，正是乘舟荐鲔时。

东风吹雨晓来晴，春水高低五闸声。
兰桨乍移明镜里，绿杨深处座闻莺。

过潞河浮桥

[清]爱新觉罗·弘历

东风已解碧琉璃，坡草堤杨春与宜。
恰是昔年承使命，浮桥西畔觅题诗。
石火光阴电影驰，幻中欢喜幻中悲。
即看逝者东流水，昔日今朝有所思。
潞河千古带通州，物色风光望里收。
马上得诗成半偈，浮桥彻底几曾浮。

过潞河

[清]爱新觉罗·弘历

潞河潦虽退，平川水犹涨。以此例永定，狂澜讵能障？
黍茎带沙痕，结穗久丰壮。景异向所观，凭舆增恒快。
颇有为解者，云此河滩上。本为水由处，人不与相让。
于兹得免潦，高田恐无当。我闻吁益輷，何莫非吾民。
使人有余地，孰与水争利？高下皆获收，吾愿其少酬。

潞河怀古

[清] 爱新觉罗·弘历

空传彭宠守渔阳，城水东西究莫详。

只有德钧卫耕稼，至今乡尚号甘棠。

过潞河

[清] 爱新觉罗·弘历

古潞受诸水，至兹成巨川。

春流纵微弱，夏节虑防宣。

平野戒长路，浮梁方众船。

轻车横渡处，塔影耸墟烟。

潞河竹枝词

[清] 钱国珍

潞河风景擅清华，半接山城半水涯。

十万粮艘春贡到，饭炊香稻漉桃花。

野田云布麦苗齐，草软沙平快马蹄。

几树绿杨桥跨水，游人错认范公堤。

钱国珍，生卒年不详，字子奇，扬州人。道光二十九年（1849）举人。善诗词，有《峰青馆诗钞》。

潞河棹歌（十二首选五）

[清]梅宝璐

潞河新涨倍清涟，一派遥通太液泉。
双桨划开波似镜，居然澈底见青天。

沄沄新绿涨平芜，一棹冲开月色铺。
二十四桥都绕过，早潮随梦落丁沽。

蒲口南连港口斜，烟村四五足生涯。
长年稳把中流舵，卧听滩声送到家。

顺流十里九回湾，不断垂青露黛鬟。
好是晚晴初过雨，倚墙背看蓟门山。

喜运南漕似砥平，帆樯北指更澄清。
正供岁岁充天庾，更待占风达帝京。

梅宝璐（1816—1891），字小树，天津人。世承家学，亦工吟咏。有《闻妙香馆诗存》。

喜友来访二首

[清]戴凤池

暮春时节嫩寒天，闻说君来喜欲颠。
恰有黄封一樽酒，好同倾醉话忘年。

才气年来定更雄，知君文笔冠京东。

潞河风景胸中趣，写入诗篇迥不同。

戴凤池，生卒年不详，字翰元。张家湾（今北京通州张家湾镇）人。清同治六年（1867）补廪生，光绪十四年（1888）岁贡生。

运河旧影

张家湾

《长安客话》："张家湾为潞河下流（元时有张万户居此），南北水陆要会也。自潞河南至长店四十里，水势环曲，官船客舫，漕运舟航，骈集于此。弦唱相闻，最称繁盛。曹代萧诗：潞水东湾四十程，烟光无数紫云生。王孙驰马城边过，笑指红楼听玉筝。"

张家湾位于北京东南30公里，通州区南6公里。古时，潞河、

清运河图中的张家湾城

富河、浑河、里河交汇于此，水势环曲、石桥四布。辽建燕京后曾经此运兵输粮，春季阴狩猎，曾驻跸于此；金建中都，潞河通运，此处已成重要码头。元世祖至元三十年（1293），通惠河疏凿告成，此处成为水陆要津，时因有漕运总督张（万户）督海运驻此，故名张家湾。明中期通惠河失于修浚，凡南北客货须经运河者，必停此处。嘉靖六年（1527）疏浚通惠河，漕船经此直达通州。通州八景之一"万舟骈集"即指此。此处建有"通济仓"、皇店、宝源与吉庆二榷税、通判都司、巡检司及盐仓批验所等官署。立有皇木厂、木瓜厂、盐场等库，遂形成三村名（木瓜厂今称瓜厂、盐场今称盐滩）；四方盐商来往，百货丛集，形成西店、长店（今张家湾镇）两个村庄。今存有元漕运码头。

登孤山书宝峰寺壁诗

[明] 马中锡

禅宫金碧照林邱，人道重经内监修。

鹤扰下听僧说法，犬噪知有客来游。

山腰石润初过雨，碑额苔深不记秋。

若少簿书催我去，放歌于此十旬留。

马中锡（1446—1512），字天禄，号东田，祖籍大都，先世为避战乱于明初徙于故城（今属河北）。明代官员、文学家。有《东田集》。

张湾舟中

[明]樊阜

朝发燕山阳，夜宿张湾侧。

高树蔚繁阴，浮云淡无色。

眷彼西日驰，忧心恒恻恻。

赖我同心人，相期崇令德。

樊阜，生卒年不详，字时登。缙云（今属浙江）人。明成化年间举人。善诗，有《樊山集》。

张家湾棹歌

[明]陆深

张家水出北山头，十里洪身九里洲。

惟有老渔知进退，深滩撒网浅滩挐。

陆深（1477—1544），初名荣，字子渊，号俨山，上海人。明弘治年间进士。自幼文章有才名，善书法。有《玉堂漫笔》等。

张湾送客

王问

旅舍临官陌，秋风一惘然。

献书芸阁上，归梦草堂前。

燕市人初去，江天月共怜。

应寻鹿门隐，同宿五湖烟。

王问（1497—1576），字子裕。江苏无锡人。明嘉靖十一年（1532）进士。善绘山水、人物、花鸟，作诗也很有名。有《仲山诗选》《崇文馆稿》等。

张家湾晓发

［明］王崇庆

沙鸟知山雨，舟人狎海潮。

五云堆魏阙，回首路迢迢。

王崇庆（1484—1565），字德征，号端溪。开州（今河南濮阳）人。有《周易议卦》《五经心义》《山海经释义》等。

张家湾城记

［明］徐阶

自都门东南行六十里，有地曰"张家湾"。凡四方之贡赋与士大夫之造朝者，舟至于此，则市马僦车，陆行以达都下。故其地水陆之会，而百物之所聚也。

嘉靖癸亥冬，世宗皇帝以有警，诏发营兵戍之，先声播闻，敌不敢犯。然戍者无所据依，昼夜披甲立，势实不可以久。甲子春，顺天府尹刘君畿因以城请。司空雷公礼上议曰："城于戍便，于守固。"世宗报可，敕顺天府丞郭汝霖、通判欧阳昱，内官太监桂琦以二月二十二日始事。财取诸官之赎及士民之助者，木取诸营建之余，砖取诸内官厂之积，石取诸道路桥梁之废且圮者，夫取诸通州之卫卒及商若民之饶于资者。工既举，而财不时集。阶具以闻。诏光禄寺出膳羞（馐）之余金三万两贷之。于是诸臣咸悦以奋，而巡按御史董君尧封、王君用桢程督加严，越三月，遂以成告。

周九百五丈有奇，厚一丈一尺，高视厚加一丈，内外皆甃以砖。东南滨潞河，阻水为险，西北环以据。为门四，各冠以楼。又为便门一、水关三，而城之制悉备。中建屋若干楹，遇警则以贮运舟之粟，且以为避兵者之所舍。设守备一员，督军五百守之。而湾之人、南北之缙绅、中国四夷朝贡之使、岁漕之将士，下逮商贾贩佣，胥恃以无恐。至于京师，亦隐然有掎角之助矣。

仰惟国家建都燕蓟，百六十年于兹，乃湾之有城，实自世宗遗戍之诏始。盖世宗雄才大略出于天纵，而讦谟睿算又得于夙夜。计安天下之心非偶然者。其功在社稷，庙称为"世"，虽未易以名言，然此固其一也。夫睹河洛而思禹，情也，亦义也。今而后登兹城者，于世宗能无思乎！诚使文武吏士体保固郊圻之意，而殚谋以奠封疆；兵之守者怀据依之便居处之安，而竭力以奋武卫；其在宾旅，溯周防曲护之恩而各修厥职以供朝廷之事，则庶几为能思世宗矣。阶不敏，敢因纪成以规焉。

明代通运桥与张家湾古城墙遗址

下第宿张家湾

[明]桑绍良

貂裘敝尽客还家，郭隗台前日欲斜。

回首凤城春色好，莺声啼碎碧桃花。

桑绍良（1504—？），字季子，一字季叔。濮县（今河南范县）人。明代戏曲作家。

出都宿永济寺

[明]范钦

落日促行辀，停林赋远游。

霜乌惊不定，冰壑冻仍流。

世态徒青眼，风尘易白头。

好凭今夜月，流影入皇州。

范钦（1506—1585），字尧卿，号东明。浙江鄞县（今浙江宁波鄞州区）人。明代著名藏书家，中国现存最古老的藏书楼——天一阁的主人。

晓发张湾

[明]许天锡

黄鹂啼歇晓阴开，两岸垂杨荫绿苔。

叶底轻花看不见，暖风吹入短篷来。

许天锡（？—1558），字启衷。明代著名文学家。弘治年间进士。

晓发张家湾

[明]邱云霄

舟车变春夏，倦与水云期。

月明宿沙湾，鸡声何咿咿？

寒烟薄汀渚，征人事驱驰。

长河就东没，明星亦西移。

鸣镳扬缁尘，策马纵青羁。

远瞻鸾凤楼，有怀金玉姿。

元发抱衷素，绿丝方见治。

辗转繁虑积，缅邈千古思。

邱云霄，生卒年不详，字凌汉，号止山，福建崇安人。明代人。有《南行集》《东游集》《北观集》《山中集》等。

登张湾里二泗道院高阁

[明]汤显祖

弭舳聚氤氲，躧舄凌晖皎。旅积方此舒，波情亦堪绕。

榛邱见蒙密，重关思窈窕。况此羽人居，青荧满幽眺。

双扉永平直，层楼回飞娇。陵岳翠西矗，河渠白东淼。

幢樯密林树，伊优轧鱼鸟。封畛四如画，岐术纷可了。

非经灞陵役，复异河阳绕。如何帝乡云，悠然映江表。

里二泗东皇祠下作

[明]王嘉谟

桮桐发春华，蔼蔼照中圃。

杳渺平湖阔，孤帆逗新雨。

中流见古祠，松云澹群树。

举酒酬芬芳，村巫起屡舞。

雪消蕨初绿，苹香鱼正乳。

但醉不须辞，此乐真堪取。

七月十五日夜泛舟里二泗

[明]刘廷谏

早秋十五潞河边，里二滩头一系船。

为爱清风消溽暑，更怜明月满中天。

涛平千里水如练，云挂孤帆人似仙。

有客扣舷解予意，朗吟赤壁不曾眠。

刘廷谏，生卒年不详，字感仲，号良裁。浙江宁海人。明万历四十七年（1619）进士。有《云巷初集·次集》等。

里二泗竹枝词（五首选四）

［清］施闰章

清泚湾环望欲迷，画船轻荡过河西。
少年横棹飞金弹，惊起栖乌柳外啼。

女伴烧香一舸同，凌波遥指碧霞宫。
明妆深坐扬帆去，仿佛神妃出镜中。

钲鼓喧阗午日炎，薰风摇曳酒家帘。
到来消得游人渴，买取樱桃似蜜甜。

翠翘红袖绿波涵，归桨迎流旧路谙。
独有含情商妇去，北人回首望江南。

张家湾

［清］许虬

舳舻衔尾亘天长，南北关河正扼咽。
易水波涛寒万古，玉田烟树暖千年。
霜华阅历开今昔，朋侣栖迟问后先。
揽辔未停还击楫，壮游谁复负山川。

许虬，生卒年不详，字竹隐。长洲（今江苏苏州）人。清代官员、诗人。有《万山楼诗集》。

赴张家湾寻曾祖柩

［清］张宜泉

宗柩遗萧寺，高僧不可寻。

特留三月宿，要觅百年音。

张家湾古铁锚歌

［清］管庭芬

金星流如旭日堕，坠地化为顽铁土。

何年鼓铸成巨锚，抛掷荒原土花蚀。

雨零日炙黝为苍，应有精灵守其旁。

不作铁柱镇蛟蜃，抱才未遇谁其航。

敧斜角立各盈丈，却为佛家系龙象。

铜山西倾洛钟鸣，试唯一扣钟亦响。

相传唐征高句丽，欲从直沽窥藩篱。

后来改道不复用，贞观款识谁能稽。

又传蒙古利海运，大舰峨峨转诸郡。

北门夜放首鼠奔，此锚免销作兵刃。

历翻史志皆无实，或者阙疑或者逸。

寒云漠漠风萧萧，积铁无言难絮诘。

至今久弃城墙下，过客摩挲趁闲暇。

休将金马比清高，竟恨铜驼共惊诧。

我来吟诗云老衲，铁环鉴然似相答。

何时齐变蜇龙飞，好与延津双剑合。

管庭芬（1797—1880），字培兰、子佩，号芝湘，晚年又号芝翁。浙江海宁人。清代诸生，方志学家，其诗清新，熟习乡邦典故。曾参与编纂《海昌备志》。

土桥庙中赏牡丹

[清]戴凤池

桃花开罢牡丹红，续得韶光泄化工。

谁谓人间春易老，老禅关也可住翁。

庙门幽绝庙廊问，庙内仙花笑破颜。

一自仙人来驻驾，好留春景在人间。

通州八景之万舟骈集（四首）

其一

[明]王宣

驿亭南去四十里，供赋北来千万舟。

河海发源通禹贡，华夷归化拱皇州。

凫鹥洲渚晴烟含，云水帆樯宿雨收。

记得龙湾夜回棹，露苹香散一天秋。

其二

[清]李焕文

雄关纵目大光楼，八省军门此驻骢。

玉粒香粳齐挽粟，吴头楚尾竟停舟。

帆樯林立人如蚁，灯火星罗浪泊鸥。

万国梯航兼贡献，宾夷蛮女尽怀柔。

其三

[清]吴存礼

梯航万国向彤廷，贡赋由来集潞汀。

风正帆悬云际落，澜翻楫驶日边停。

舫依芦荻千层白，帘卷岩峦一色青。

沽酒醉来齐唱晚，扣舷声彻度沧溟。

其四

[清]尹澍

天际沙明帆正悬，翩翩遥望影相连。

漕艇贾舶如云集，万国梯航满潞川。

参考书目

[元] 熊梦祥，《析津志辑佚》，北京：北京古籍出版社，1983

[明] 沈榜，《宛署杂记》，北京：北京古籍出版社，1983

[明] 孙承泽，《天府广记》，北京：北京古籍出版社，1984

[明] 刘侗、于奕正，《帝京景物略》，上海：上海古籍出版社，2001

[明] 蒋一葵等，《北京古籍集成》，北京：北京出版社，2015

[清] 于敏中等，《日下旧闻考》，北京：北京古籍出版社，1983

[清] 震钧，《天咫偶闻》，北京：北京古籍出版社，1982

[清] 戴璐，《藤阴杂记》，北京：北京古籍出版社，1982

[清] 顾炎武，《昌平山水记 京东考古录》，北京：北京古籍

出版社，1980

[清]佚名，北京图书馆善本组标点，陈高华校订，《人海诗区》，北京：北京古籍出版社，1994

[清]孙承泽，《春明梦余录》，北京：北京古籍出版社，1992

[清]潘荣陛，富察敦崇，《帝京岁时纪胜·燕京岁时记》，北京：北京古籍出版社，1981

[清]励宗万，阙名，《京城古迹考·日下尊闻录》，北京：北京古籍出版社，1981

[清]黄彭年，《畿辅通志》，北京：商务印书馆，1934

[清]顾炎武，《昌平山水记·京东考古录》，北京：北京古籍出版社，1980

[清]陈宗蕃，《燕都丛考》，北京：北京古籍出版社，1991

[清]汪启淑，《水曹清暇录》，北京：北京古籍出版社，1998

[清]麟庆，《鸿雪因缘图记》，北京：北京古籍出版社，1984

汤用彬等编著，《旧都文物略》，北京：北京古籍出版社，2000

雷梦水辑，《北京风俗杂咏续编》，北京：北京古籍出版社，1987

杨米人等，《清代北京竹枝词》，北京：北京古籍出版社，1982

北京市社会科学院，《今日北京 历史、名胜卷》，北京：北京燕山出版社，1991

吴仲撰，段天顺等点校，《通惠河志》，北京：中国书店出版社，1992

李家瑞，《北平风俗类征》，北京：北京出版社，2010

段天顺，李永善，《水和北京：北京历代咏水诗歌选》，北京：中国水利水电出版社，2006

翟兑之，《燕都览古诗话》，沈阳：辽宁教育出版社，1998

张还吾，《历代咏北京诗词选》，北京：北京出版社，1996

《北京风物志》，北京：北京旅游出版社，1984

李广成，《通州诗抄》，北京：文化艺术出版社，2004

侯仁之主编，《北京历史地图集》，北京：文津出版社，2013

后　记

绣漪玲珑当空立，长河疏影如烟堤。

麦钟稻浪随风去，广源闸上分高低。

2017 年冬月一个最冷的天，我从颐和园南如意门出发，沿昆玉河一路南行，重走长河水路。

昆玉河的水清澈见底，薄薄的冰浮在水面上，轻盈剔透。岸边成排的柳树，即使是冰冷的冬天也不失她婀娜多姿的体态。从远处看，枝叶透着淡淡的黄色，一片片，一丛丛，如烟，如画。想象在春季里，在夏季里，在秋季里，她们又是何种风情！"御沟春水晓潺潺，直似长虹曲似环。"长长的河堤，曲曲的流水，变幻的身姿，引得无数文人墨客挥毫泼墨，一代帝王乾隆皇帝也曾写下大量诗篇，为我们描绘了这条昔日皇家御道的无限景色。

穿过一个个熟悉的地名：火器营，长春桥，麦钟桥……古老的麦钟桥早已拆除，只在附近发现了一座新建的拱桥，平淡无奇。

这就是"麦庄十里轻舟疾，似泛江南烟雨村"的麦钟桥岸吗？我试图找到一点关于古桥的信息，直到走到新建的拱桥上，蓦然回首，才发现那处不起眼的"古麦钟桥遗址"保护标志及残存的桥基。

麦钟桥再向东，向南，就是长 5.06 公里的长河。冬日里游人不多，一路走来，静静体会这 10 里长河的前世今生。长河从颐和园昆明湖一路缓缓行来，过长春桥、麦钟桥、高梁桥，注入积水潭（今什刹海），曾为北京城内最重要的水源，也是元代水利专家郭守敬伟大的贡献。他将昆明湖水引入元大都城，使大运河上的运输船只可以直抵大都城下。如今，中国大运河被列入世界文化遗产，大运河北京段也被赋予新的内涵。

行走在长河边，古今地名纵横交织在脑海，正是这部书稿中大运河的一个个节点，它们记录着历史的沧桑，承载着百姓的情怀。不管它是叫积水潭、海子，还是什刹海，都是大运河上一枚耀眼的珍珠。

真想把大运河北京段走完，然而时间有限，不得不停步了。

走完大运河昆玉河—长河段，此书的写作顺序也由此确定，即按照大运河北京段的流向为经、自古至今为纬，编织散落在大运河畔的诗词美文。

在选题确定过程中，《北京志》副主编谭烈飞先生、北京出版社编审于虹女士给了我许多有建设性的建议。在资料甄选过程中，北京出版社编审杨良志先生给予我莫大的鼓励与帮助。是时，他正在撰写《走读北京大运河》，无私地将在史籍中读到的诗文随时微信给我，同时还提供了诸多图片，其中《鸿雪因缘图记》

中的《二闸修禊》《玉泉试茗》等图都是比较珍贵的资料。他们在百忙之中一直惦念我编书这件事，前辈对后辈的提携，莫过于此吧。在审校过程中，北京出版社责编白珍女士不厌其烦，找出诸多资料进行一一核对，避免了很多错误。在此，仅向给予我帮助与支持的各位专家、老师、朋友表示衷心的感谢和敬意。

由于所采用版本的原因及个人水平有限，书中难免会有纰漏，欢迎读者批评指正。

编　者

2018 年 12 月